Ute Horn
Mutig mit den Kindern wachsen

Ute Horn

Mutig mit den Kindern wachsen

SCM Hänssler

SCM

Stiftung Christliche Medien

1. Auflage 2009
Bestell-Nr. 394 974
ISBN 978-3-7751-4974-7

© Copyright der deutschen Ausgabe 2009 by
SCM Hänssler im SCM-Verlag GmbH & Co. KG · 71 088 Holzgerlingen
Internet: www.scm-haenssler.de
E-Mail: info@scm-haenssler.de
Umschlaggestaltung: oha werbeagentur gmbh, Grabs, Schweiz;
www.oha-werbeagentur.ch
Titelbild: shutterstock.com
Satz: typoscript GmbH, Kirchentellinsfurt
Druck und Bindung: CPI – Ebner & Spiegel, Ulm
Printed in Germany

Soweit nicht anders angegeben, sind die Bibelverse folgender Ausgabe ent-
nommen:
Neues Leben. Die Bibel, © Copyright der deutschen Ausgabe 2002 und 2006 by
SCM Hänssler, D-71 087 Holzgerlingen.
Weiter wurden verwendet:
Lutherbibel, revidierter Text 1984, durchgesehene Ausgabe in neuer Recht-
schreibung, © 1999 Deutsche Bibelgesellschaft, Stuttgart.

Dieses Buch widme ich unseren Kindern Christine,
Andreas, Daniel, Josua, Marcel, Pascal und Benjamin,
die viel Stoff zu diesem Buch lieferten.

Die Kindheit ist nicht eine Vorbereitung auf das Leben,
sondern ein Teil des Lebens selbst.

Inhalt

Vorwort

Viele Eltern sind in der Kindererziehung verunsichert und geben das auch offen zu. Nicht umsonst haben TV-Sendungen mit der Diplom-Pädagogin Katharina Saalfrank als »Supernanny«, die eine Zeit lang in einer Familie mitlebt und versucht, chaotische Familienverhältnisse zu ordnen, hohe Einschaltquoten. Nachdem die antiautoritäre Erziehung mehrere Generationen verunsichert hat, greifen viele Eltern wieder zu Ratgebern, die klare Regeln, Grenzen und elterliche Autorität als wichtige Pfeiler einer erfolgreichen Erziehung empfehlen. Ein Erfolgsautor ist der frühere Direktor des Internats Salem, Bernhard Bueb, der mit seinem Buch: »Lob der Disziplin« viele offene Ohren in unserer Gesellschaft fand. Auch der Psychiater Michael Winterhoff stand mit dem Buch: »Warum unsere Kinder Tyrannen werden« lange oben auf der Bestsellerliste.

»Eltern werden ist nicht schwer – Eltern sein dagegen sehr«, könnte man Wilhelm Buschs Satz, der ursprünglich den Vätern galt, frei zitieren. Viele Eltern wollen beste Freunde ihrer Kinder sein. Doch werden wir damit dem Erziehungsauftrag gerecht? Wollen unsere Kinder das auch? Ein 17-jähriger Sohn einer Alleinerziehenden sagte einmal in einer Auseinandersetzung: »Wann hörst du endlich auf, meine beste Freundin sein zu wollen? Ich will eine Mutter. Eine Mutter, die mich erzieht und verwöhnt.« Sind das die beiden Eckpfeiler einer erfolgreichen Erziehung? Viele Lehrer klagen. »Wo gibt es noch Eltern, die darauf achten, dass Kinder genug Schlaf bekommen, morgens mit einem Frühstück aus dem Haus gehen und regelmäßig die Hausaufgaben machen?« Lehrer fühlen sich spätestens ab der sechsten Klasse in der Erziehung der Schüler alleingelassen. Auf Elternsprechtagen hören sie dann, dass Eltern denken, Kindererziehung sei mit dem zehnten Lebensjahr abgeschlossen. Danach würden Kinder ihrem eigenen Fahrplan folgen und wissen, was gut für sie sei.

Kinder brauchen Erziehung, gute Vorbilder, Bildung und Eltern, die ihnen helfen, ihre Gaben und Fähigkeiten zu entdecken und mit ihren Schwächen umzugehen. Aber Kinder brauchen auch das Gefühl, um ihrer selbst willen geliebt zu sein, unabhängig davon, ob sie etwas leisten, gehorsam sind oder ihr Zimmer aufräumen. Immer wieder werden Menschen in der zweiten Lebenshälfte danach gefragt, was sie im Leben anders machen würden, wenn sie noch einmal die Chance hätten, das Rad der Geschichte zurückzudrehen. Meistens antworten sie: »Ich würde mehr Zeit mit meinen Kindern verbringen.« Kinder sind uns anvertraut – auf Zeit, eigentlich eine sehr kurze Zeit. Wir sollten das Beste daraus machen.

Ihre Ute Horn

P. S.: Dieses Buch ist keine wissenschaftliche Abhandlung über Kindererziehung. Ich erhebe keinen Anspruch auf statistisch evaluierte Daten. Es ist ein Buch aus der Praxis für die Praxis und basiert auf vielen Beobachtungen, Selbsterfahrungen und Gesprächen mit Eltern.

Die in diesem Buch zur Illustration meiner Ausführungen beschriebenen Erlebnisse sind wirklich passiert. Ich habe jedoch zum Schutz der einzelnen Personen die Namen und Orte geändert.

Einleitung

Gibt es ein größeres Wunder, als mitzuerleben, wie ein Kind im Mutterleib entsteht, geboren wird und zu einer einzigartigen Persönlichkeit heranwächst, ähnlich seinen Eltern und doch ganz anders? Jürgen Werth hat das in einem Lied sehr treffend ausgedrückt: »Du bist du, das ist der Clou, du bist du, ganz egal ob du dein Lebenslied in Moll singst oder Dur ... Keiner lacht und weint und singt so wie du ...« Wir durften fünfmal die Geburt eines Kindes erleben. Jedes Mal staunten wir aufs Neue und waren überwältigt. Aber nicht nur Eltern sind begeistert. Babys sind ein Geschenk an die ganze Gesellschaft. Sie können griesgrämige Menschen zum Lachen, erfolgreiche Manager zum Lallen von »Eideidei« bringen und Traurigen neue Hoffnung geben. Doch was wird aus diesen wunderbaren Geschöpfen, wenn sie größer werden?

Warum fangen sie an, Wutausbrüche zu bekommen, sich den Aufräumpflichten zu entziehen, mit Geschwistern bis aufs Blut zu streiten und zu sagen: »Ich bin jetzt zu alt für einen Gutenachtkuss!«? »Meinst du eigentlich, Kindererziehung macht Spaß?«, höre ich noch die Worte meiner Mutter nach einer Auseinandersetzung mit mir. »Ich könnte es mir auch einfacher machen und dir immer deinen Willen durchgehen lassen. Aber dafür habe ich dich viel zu lieb.« Was fällt Ihnen im Umgang mit Ihrem Kind schwer? Welche Situationen im Alltag ärgern oder überfordern Sie?

Kindererziehung ist wie ein Marathonlauf, bei dem wir manchmal erschöpft aufgeben wollen. Aber wir sind nicht alleine. Viele sind daran beteiligt und wir können uns gegenseitig helfen. Wichtig ist, immer wieder die Oasen im Alltag zu finden, die uns neuen Mut, neue Kraft und den richtigen Blick für uns und unsere Kinder geben. Denn trotz allem Schweren ist und bleibt es ein Vorrecht, Kinder im Leben begleiten zu dürfen – egal ob sie leiblich, adoptiert, gesund, krank, behindert, blond, rothaarig, groß, klein, Pflege- oder Stiefkind, Jungen oder Mädchen, Einzelkind, Zwilling oder Drilling sind. Sie alle warten auf unsere elterliche Liebe und Erziehung.

Kinder – das können auch Patenkinder, Nachbarskinder, Pflegekinder, Kinder von Bekannten, Freunden und Geschwistern, Schüler und Kindergartenkinder sein – zu kennen, zu lieben und zu erziehen, macht uns aber auch dankbar im Umgang mit den eigenen Eltern. Wie viele Stunden haben die Eltern für uns gearbeitet, damit wir genug zu essen und zum Anziehen hatten? Wie viele Sorgen haben sie sich gemacht, wenn wir krank waren oder den Sinn des Lernens nicht verstanden? Wie viele Verletzungen haben sie durch unseren Ungehorsam und im Streit bekommen?

Um all das und vieles mehr geht es in diesem Buch!

In *Kapitel 1: Kinder sind (auch) anders* möchte ich darum werben, einen neuen Blick für die unglaublichen Gaben und Fähigkeiten von Kindern zu entwickeln. Kinder sind eben nicht nur laut, anstrengend, ungehorsam, egoistisch und gemein.

Anschließend möchte ich Sie in *Kapitel 2: Kinderbitten* in Kinderherzen schauen lassen. Was würden sich Ihre Kinder von Ihnen wünschen?

Um Erziehungsziele geht es in *Kapitel 3: Quo vadis?* Wie können Kinder liebesfähig werden, Selbstwertgefühl entwickeln und zu starken Persönlichkeiten werden?

In *Kapitel 4: Wie fühlt sich Liebe an?* gebe ich viele Anregungen, wie man eine gute Familienatmosphäre schaffen kann und was dazu beiträgt, dass Kinder sich geliebt fühlen.

In *Kapitel 5: Was Kinder auslösen* wird verdeutlicht, dass Kinder wie ein Spiegel unserer Persönlichkeit sind. Haben Sie auch schon erlebt, dass Kinder unsere Schwächen wie Inkonsequenz, Umgang mit Wut und fehlende Selbstdisziplin gnadenlos ausnutzen? Sind Sie manchmal eifersüchtig auf das, was Ihre Kinder an Möglichkeiten haben, die Ihnen versagt blieben? Kindererziehung bietet die Möglichkeit, sich noch einmal neu mit den Verletzungen aus der eigenen Kindheit auseinanderzusetzen, und kann uns helfen nachzureifen.

Das *Kapitel 6: Wunschkind oder »Gottes Idee«?* versucht Antworten darauf zu geben, welche Einflüsse die Umstände der Zeugung auf den weiteren Lebensweg eines Kindes haben können und was Gott über Kinder denkt.

In *Kapitel 7: Gott hat keine Enkelkinder* geht es darum, wie Kinder Gott kennenlernen können.

Am *Ende des Buches* finden Sie noch weiterführende Literatur.

Kindererziehung ist eine zeitlich begrenzte Aufgabe, in der Freude, Herausforderung und Selbsterkenntnis liegen. Kinder begleiten uns, wir begleiten sie und zusammen lernen wir, was Leben bedeutet.

Kinder sind wie Perlen in meiner Hand – unendlich kostbar.

Ihre Ute Horn

P. S.: Noch ein kleiner Hinweis: Um eine gute Lesbarkeit zu gewährleisten, wurde auf die Doppelnennung der Geschlechterbezeichnungen weitgehend verzichtet. Die männliche oder weibliche Form steht in diesen Fällen als »neutrale« Variante für beide Geschlechter. So wünsche ich mir auch, dass sich *Mütter wie Väter* durch die Erfahrungsberichte angesprochen fühlen. In den meisten Fällen könnte man statt Mutter auch Vater einsetzen und umgekehrt.

Explizit möchte ich darauf hinweisen, dass ich das Buch *ebenso für Alleinerziehende* geschrieben habe. Bitte lassen Sie sich nicht durch Aussagen im Buch verunsichern, dass Kinder Väter und Mütter brauchen. Sicher stimmen Sie mit mir darin überein, dass wir alle lernen müssen, aus den Gegebenheiten das Beste zu machen. Auch Verheiratete fühlen sich oft wie Alleinerziehende und haben Mangel.

Ich schätze *jeden* sehr, der Kinder erzieht, und hoffe, keinen durch Aussagen in diesem Buch zu verletzen.

Kapitel 1
Kinder sind (auch) anders

Was fällt Ihnen spontan bei der Frage ein: »Wie sind Kinder?«

Kinder sind wie Zappelphilipp, Pauline, Max und Moritz

Denken Sie sofort an Zappelphilipp, Pauline, Max und Moritz? Wer kennt sie nicht! Die berühmten Kinder, die Wilhelm Busch 1865 in seinen Geschichten beschrieben hat. Er hat sie genau beobachtet. Kinder können Quälgeister, Nervensägen und Schlafräuber sein. Sie übertreten gerne Grenzen, halten sich nicht an Regeln, sind ungehorsam und somit permanent in Gefahr, sich und andere zu verletzen und Schaden zuzufügen. Sie neigen zu Streichen, ärgern gerne Erwachsene und andere Kinder. In »neudeutsch« würde man das Mobbing nennen. Kinder scheinen sich in den vergangenen 150 Jahren kaum verändert zu haben, auch wenn die Umstände, in denen sie groß werden, total verschieden sind. Viele Erwachsene empfinden Kinder als Tyrannen, die durch ihre Bedürfnisse und Wünsche den Tagesablauf bestimmen und wenig Freiraum für ein eigenes Leben lassen.

Neulich sagte mir eine Frau: »Ich bin ein viel zu großer Egoist, als dass ich Kinder bekommen würde. Dann müsste ich ja mein ganzes Leben umstellen und auf vieles verzichten.«

Auch in Zeitungen kann man immer wieder lesen, was Kinder so alles anstellen und wie sie durch ihr Spielen die Sonntagsruhe, den Mittagsschlaf und das Ausspannen am Abend stören. Haben Sie auch schon erlebt, dass Fußbälle von Nachbarskindern in Ihrem Garten gelandet sind und dabei Blumen geköpft und Äpfel von den Bäumen geschossen wurden? Ältere Menschen beklagen, dass Jugendliche in Bussen nicht mehr aufstehen, wenn sie einen Sitzplatz bräuchten, und den Müll überall herumliegen ließen. Kinder zündeln in Wald und Flur, manchmal auch im Haus, und es scheint wie ein Wunder, dass nicht mehr passiert. Manchmal schließen sich drei zusammen und ärgern einen Vierten, werfen ihm einen Stock in die Speichen des Fahrrads, ziehen ihn am Schulranzen ins Gebüsch, lachen ihn aus oder schlagen und treten sogar zu. Wenn sie auf ihre kleineren Geschwister aufpassen sollen, landen diese schon mal im Mülleimer einer Parkanlage, sozusagen ein Ställchenersatz, damit der Bruder mit den Freunden spielen kann.

Haben Sie schon einmal spielende Kinder im Sandkasten beobachtet, wie sie sich die Sandförmchen wegnehmen, die Burg des anderen zertreten und sich gegenseitig Sand in die Augen werfen? Spätestens seit diesem Erlebnis kann ich nicht mehr sagen, dass Kinder von Natur aus gut sind. Wie kann man sich sonst erklären, dass Kinder Fliegen die Flügel ausreißen, Regenwürmer teilen, Frösche aufblasen und Fische verhungern lassen? Kinder kämpfen gnadenlos um ihre Rechte. Der Stärkere gewinnt. Es gibt eine Rang- und Hackordnung, die schon im Kindergarten aufgestellt wird. Diese Einteilung nach verschiedenen Kriterien geschieht oft sehr schnell, wenn sich eine Gruppe formiert. Fragen Sie doch mal Schulkinder: »Wer ist bei euch der Schlauste, der Stärkste, die Schönste oder die Schnellste?« Kinder haben die Antwort sofort parat. Das wird in der Klasse, auf dem Pausenhof und auf dem Schulweg rasch ermittelt. Und wer komisch, schüchtern oder irgendwie anders ist, wird oft ausgestoßen. Erst durch Erziehung und Reifung lernt der Mensch Empathie, d. h. sich in den anderen hineinzuversetzen.

Erst durch Erziehung und Reifung lernt der Mensch, sich in den anderen hineinzuversetzen.

Schon der griechische Philosoph Sokrates (470–399 v. Chr.) hat Folgendes über die damalige Jugend gesagt, was bestimmt auch für Kinder galt: »Die Jugend von heute liebt den Luxus, hat schlechte Manieren und verachtet Autorität. Sie widersprechen ihren Eltern, legen die Beine übereinander und tyrannisieren ihre Lehrer.«

Haben Sie ihre Kinder in einem der Beispiele wiedergefunden? Wie wir unschwer erkennen können, haben sich Eltern, Erzieher und andere Erwachsene schon immer über Kinder beschwert und sie werden es in den nächsten Jahrhunderten auch weiterhin tun. Seltsam, dass wir so wenig Verständnis für die heranwachsende Generation haben, obwohl wir doch alle selbst einmal Kinder waren, und zwar vor noch gar nicht so langer Zeit.

Aber Kinder sind (auch) anders

Gestern sagte Tobias: »Wenn man einen Mann wie ein Kind behandelt, dann verhält er sich auch kindisch. Das kann ich sehr gut in der Ehe meiner Schwester entdecken. Wer ständig hilft, macht hilflos. Wenn du einen starken Mann an deiner Seite willst, dann mach ihn stark. Sag ihm, was er für ein toller Mann ist, was du in ihm siehst. Ermutige ihn, lobe ihn, glaub an ihn und er wird sich immer mehr zu diesem Mann entwickeln, an den du dich anlehnen kannst. Wie oft werden Männer schlechtgeredet.«

Als ich Tobias reden hörte, dachte ich an Kindererziehung. Ist es da nicht auch so? Wenn ich einem Kind ständig sage: »Nein, das ist zu gefährlich. Du darfst nicht auf einen Baum klettern, alleine zur Musikschule oder mit dem Fahrrad zur Schule fahren«, wird das Kind entweder ängstlich und traut sich nichts zu oder es wird rebellisch und bricht aus. In unserer Zunge liegt ganz viel Macht, Macht aufzubauen und Macht zu zerstören. Können Sie in einem willensstarken Kind einen zukünftigen Leiter erahnen und sich darüber freuen, dass Sie ihn erziehen dürfen? Sehen Sie in Ihrem Sohn, der jedes Spielzeug auseinandernimmt, weil er wissen will, wie es funktioniert, einen zukünftigen Erfinder? Haben Sie den Weitblick, Ihre ohne Punkt und Komma redende Tochter als begnadete Rhetorikerin in Politik und Kultur zu fördern? Oft fehlt uns im Alltag dieser Weitblick!

»Es gibt keinen Kaktus ohne Blüten«, sagte meine Freundin, als ich mal wieder vollkommen verzweifelt war und dringend einen Rat für mein »ungehorsames« Kind brauchte. »Verbiete dir mal eine Woche lang, etwas Negatives über dein Kind zu denken, und sammele nur die schönen Augenblicke des Tages.«

Das geht nicht? Versuchen Sie es doch erst einmal! Haben Sie schon einmal beobachtet, dass Sie wie »allergisch« auf Ihr Kind reagiert haben? Egal, was es tat: Sie sahen seine Handlungen durch eine schwarz gefärbte Brille. Ihr Kind konnte es Ihnen nicht recht machen und Sie haben auch immer ein Fehlverhalten an- und wahrgenommen?

> Verbieten Sie sich für eine Woche, etwas Negatives über Ihr Kind zu denken, und sammeln Sie stattdessen nur die schönen Augenblicke jedes Tages.

Der zehnjährige Michael ist auf einer Geburtstagsfeier. Es wurde ein Sammelgeschenk besorgt. Als der Vater Michael abholt, sagt die Mutter eines Gastkindes: »Haben schon alle bezahlt?« Daraufhin meint Michaels Vater: »Du hast es doch bestimmt wieder vergessen, oder?« Michael sagt ganz ruhig: »Nein, ich habe das Geld schon abgegeben.«

Manchmal muss die Festplatte des Gehirns neu formatiert und alle Negativerfahrungen müssen zum Schweigen gebracht werden. Lassen Sie sich mit hineinnehmen, über Kinder zu staunen, wie sie (auch) sind.

Claudia bemerkte bei einer Tasse Kaffee, als wir beide auf unsere Kinder bei der Musikschule warteten: »Im Alltagsgetriebe vergesse ich manchmal, dass ich meine Kinder liebe.

> Beziehung kommt vor Erziehung.

Besonders in der Schulzeit mit ihren vielen Anforderungen an Hausaufgaben, Arbeiten schreiben und Klassenfeste organisieren bin ich oft mit den Nerven am Ende und vergesse es einfach. Dann müsste mal jemand von außen kommen und mich wachrütteln und mir wieder ins Gedächtnis rufen ›Beziehung kommt vor Erziehung‹. Hinzu kommt, dass unsere Kinder wie Klavierspieler und wir die Tasten sind. Sie kennen uns genau und wissen sehr gut, welche Taste sie anschlagen müssen, damit wir quietschen.«

Kinder haben wunderbare Eigenschaften, Gaben und Fähigkeiten

Kinder sind vertrauensvoll, leichtgläubig, begeisterungsfähig, humorvoll, in der Gegenwart lebend, anpassungsfähig, vergebungsbereit, hilfsbereit, wissbegierig und belehrbar.

Vertrauensvoll

Wir sind auf einer Geburtstagsfeier in einem wunderschönen alten Haus, überall Stuck und Kronleuchter. Unsere Kinder haben ihren Spaß. Ich unterhalte mich mit einer Frau, als ich aus dem Augenwinkel sehe, wie mein Mann unseren Sohn auf den Arm nimmt. Unser Sohn ruft: »Papa, wirf mich hoch.« Und ehe ich noch einschreiten kann, wirft der Papa ihn hoch in die Luft mitten durch einen Kronleuchter. Der Kopf schaut oben rüber und das Kind fällt jauchzend zurück in Papas Arme. Mir stockt der Atem und in dem Moment begegnen sich die Augen meines Mannes und meine. Auch ihm wird ganz anders. Was wäre passiert, wenn er nicht genau die Mitte getroffen hätte?

Kinder vertrauen den Erwachsenen blind. Sie lassen sich von der Mauer in die ausgestreckten Arme fallen, wenn der Vater sagt: »Spring. Ich fange dich auf.« Sie lassen sich an Armen und Beinen durch die Luft wirbeln oder im Schwimmbad quer durch die Luft ins Wasser werfen. Ich bin immer wieder erstaunt, wie viel Vertrauen Kinder ihren Eltern entgegenbringen. Genauso aber auch vielen anderen Erwachsenen, die nett zu ihnen sind und sie mit kleinen Geschenken erfreuen. Das kann ihnen leider auch zum Verhängnis werden, wenn wir zum Beispiel an sexuellen Missbrauch denken.

Leichtgläubig

Kinder sind leichtgläubig. Sie stellen ja bekanntlich viele Fragen und nehmen erst einmal alles so, wie es gesagt wird. Mir tut es immer wieder weh, wie besonders Männer diese Leichtgläubigkeit aufs Spiel setzen, indem sie Kindern einen Bären aufbinden. Es dauert lange, bis Kinder hinterfragen und nicht mehr alles glauben. Eigentlich ein schmerzhafter Weg, erwachsen zu werden. Wie wohltuend wäre es, wenn wir immer noch allen Menschen glauben könnten.

Anjas Onkel Max kommt zu Besuch. Er hat eine Glatze. Die fünfjährige Anja fragt ihn ganz ungeniert: »Warum hast du denn keine Haare mehr auf dem Kopf?« Max schaut Anja fest in die Augen und sagt in ernstem Ton: »Ich bin im Zoo zu nah ans Affengehege gegangen und dann haben mir die Affen die Haare herausgezogen.« Anja sagt gar nichts. Zwei Tage später fährt sie mit ihrer Mutter in der Straßenbahn. Ein Mann mit Glatze steigt ein und setzt sich ihnen gegenüber. Daraufhin erschrickt Anja und fragt: »Bist du auch zu nah ans Affengehege gegangen?«

Warum untergraben so viele Erwachsene selbst ihren Vertrauensbonus? Oft behalten Kinder solche Geschichten, Aussagen oder auch Drohungen jahrelang für sich, aber sie vergessen sie nicht.

Johannes spielt auf dem Bürgersteig mit Steinen. Auf einmal trifft er das Auto eines Nachbarn. Unglücklicherweise hat der Nachbar dies durch sein Fenster beobachtet. Sofort stürzt er auf die Straße und schreit Johannes an: »Wenn ich dich noch einmal erwische, schneide ich dir beide Ohren ab.« Johannes läuft weg. Kurz darauf zieht er mit seiner Familie in einen anderen Stadtteil. Die Eltern machen ein Einweihungsfest in ihrem neuen Haus, wozu sie auch die ehemaligen Nachbarn einladen. Als es klingelt, macht Johannes nichts ahnend die Tür auf – und wird weiß wie die Wand, als er den ehemaligen Nachbarn sieht. Dann stottert er: »Kommst du mich jetzt holen, um mir die Ohren abzuschneiden?«

Haben Sie Kindern unangemessen gedroht? Haben Sie die Gutgläubigkeit von Kindern schon einmal ausgenutzt oder sich darüber sogar lustig gemacht? Wenn wir Kinder belügen, können wir sie in unangenehme Situationen bringen.

Carolin, 6 Jahre alt, isst am liebsten Spaghetti. Eines Tages fragt sie ihre Tante: »Wo wachsen eigentlich die Spaghetti?« Ihre Tante findet den Gedanken lustig und antwortet: »Die Spaghetti wachsen in Italien

auf Bäumen. Wenn du größer bist, fahre ich mal zur Spaghettiblüte mit dir nach Meran.« Carolin geht am nächsten Tag in die Schule und posaunt groß herum, dass es Spaghettibäume gäbe, die in Meran wachsen würden. Die Klassenkameraden lachen sie aus, aber sie bleibt dabei. Doch am nächsten Tag, als alle Kinder zu Hause nachgefragt haben, wird Carolin so richtig ausgelacht.

Die Idee mit der Spaghettiblüte mag dem einen oder anderen von uns gefallen. Aber für Carolin war das ein jäher Absturz in der Klasse. Sie hat sich in Grund und Boden geschämt und wollte fast nicht mehr zur Schule gehen.

Manche Kinder fragen ihre Eltern: »Bin ich wirklich euer leibliches Kind?« Bitte antworten Sie ehrlich, nehmen Sie die Frage ernst. Das Kind will Sie in diesem Moment nicht verletzen, sondern hat eine echte Not. Vielleicht war Adoption ein Thema in der Schule und schon steht diese Frage im Raum. Antworten Sie unmissverständlich und nehmen Sie der Frage mit einem Lächeln die Schwere: »Natürlich, woher solltest du denn sonst dieses unwiderstehliche Lachen oder die süßen Sommersprossen oder die vielen Begabungen haben?« Es kann aber natürlich auch sein, dass das Kind zum ersten Mal diese Frage stellt und es wirklich nicht Ihr leibliches Kind ist. Dann ist jetzt die Gelegenheit, mit dem Kind zu sprechen. Je nach Alter des Kindes könnten Sie Ihr Kind auf den Schoß nehmen und mit den Worten beginnen: »Da muss ich dir mal etwas erklären. Du bist gar nicht in meinem Bauch gewachsen. Ich habe dich auch nicht geboren. Erst als du im Krankenhaus (der Pflegefamilie oder im Kinderheim) warst, habe ich dich das erste Mal gesehen und sofort lieb gehabt. Ich habe dich gleich in mein Herz geschlossen. Du bist sozusagen in meinem Herzen immer größer geworden und da bist du ganz fest drin. Da kann dich auch keiner mehr herausreißen.« Kinder haben ein Recht auf die Wahrheit. Lügen stellen fatale Weichen. Wenn das Kind dann sagt: »Ich will aber in deinem Bauch gewesen sein«, dann würde es dem Kind sehr helfen, wenn Sie seinen Kummer mit den Worten darüber teilen könnten: »Ja, ich hätte dich auch gerne schon im Bauch getragen.« Dann sitzen sie sozusagen beide in einem Boot und müssen mit der gleichen Situation fertig werden. Das wird dem Kind guttun: Mama und ich weinen gemeinsam über etwas, was wir nicht ändern können. Besonders wenn Sie Pflege- oder Adoptivkinder großziehen, ist es wichtig, ihnen die Wahrheit über ihre Herkunft zu erzählen, soweit Sie sie wissen. Sie müssen nicht alles erzählen, aber es ist für die Identitätsfindung sehr wichtig, dass Sie die Kinder nicht belügen. Mein Mann und ich haben uns bemüht, immer in Achtung von den leiblichen Eltern unserer Pflegekinder zu sprechen, und immer betont, wie dankbar wir sind, dass die leibliche Mutter sie zur Welt gebracht hat.

Unsere zweieinhalbjährige Pflegetochter, die mit 15 Monaten zu uns kam, steht mitten im Wohnzimmer und fragt: »Mama, war ich schon immer hier?«

Kinder spüren etwas, können es aber manchmal nicht besser in Worte fassen. Manch Erwachsener hat im Rückblick gesagt: »Ich habe es gespürt, irgendwie gewusst, dass ich nicht das leibliche Kind war.«

Eine andere Art, Menschen in ihrer Leichtgläubigkeit zu verletzen, ist die Ironie. Ironie kommt aus dem Griechischen und bedeutet wörtlich »Verstellung, Vortäuschung«.

Die einfachste Form der Ironie besteht darin, das Gegenteil von dem zu sagen, was man meint. Die sechsjährige Kira lässt eine Tasse fallen und der Vater sagt: »Prima machst du das!« Oder: »Wir haben's ja. Wir können ja täglich neues Geld drucken.« Weil Kinder alles glauben, können sie mit Ironie schlecht bis überhaupt nicht umgehen. Sie werden verunsichert, haben keine Chance, die Aussagen zu verstehen, und fühlen sich unwohl in ihrer Haut. Kira würde ihren Vater bei den oben aufgeführten Aussagen nur ungläubig ansehen und nichts verstehen. Sie bräuchte jetzt Trost für ihr Missgeschick oder Hilfe, wie sie damit umgehen könnte, und stattdessen macht er sich über sie lustig, was sie aber auch erst dann merkt, wenn alle lachen und sie nicht mitlachen kann, weil sie den Witz nicht versteht.

Unsere Tochter musste wegen einer Hüftgelenksluxation eine Spreizschiene tragen. Sie war gerade ein Jahr alt, als ein Freund sagte: »Jetzt trägt sie eine Spreizschiene, dann Einlagen, dann eine Brille

und dann eine Zahnspange. Dann ist sie ein gut therapiertes Kind. Typisch Arztkind!«

Ich hätte ihn umbringen können. Als ich den Satz hörte: »Ironie kann sensible Menschen kaputt machen«, verstand ich, warum ich auf diesen Freund so hart reagierte. Ich fühle mich bis heute unwohl in Gegenwart von Menschen, die oft und gerne Ironie einsetzen. Um der Beziehung willen bitte ich Sie, behutsam zu sein. Achten Sie darauf, ob Ihr Kind Sie durchschaut oder nicht.

Ironie kann sensible Kinder kaputt machen.

Begeisterungsfähig

Kinder sind begeisterungsfähig. Egal, was Erwachsene machen, es scheint für Kinder attraktiv zu sein. Wenn man einkaufen gehen will, tönt es aus dem Kinderzimmer: »Mit.« Oder: »Wo gehst du hin?« Sie scheinen einen siebten Sinn dafür zu haben, wenn man sich aus dem Haus stehlen will, um mal eben schnell alleine einkaufen zu gehen. Egal, ob man in einen Baumarkt oder ein Lebensmittelgeschäft fährt, bis zu einem gewissen Alter scheint alles spannend. Später ist es eher die Aussicht, dem Einkauf die persönliche Note zu geben und mal wieder den Speiseplan mitbestimmen zu können, dass uns auch ältere Kinder noch begleiten.

Wir haben Besuch von einer siebenköpfigen Familie. Der sechsjährige Lukas folgt mir auf Schritt und Tritt. So lade ich ihn ein, mit mir eine Tomatensuppe für 12 Personen zu kochen. Er steht auf dem Stuhl, trägt voll Stolz eine meiner Schürzen und rührt, bis alles heiß ist. Er möchte noch mit Pfeffer nachwürzen. Bei Tisch teilt er mit der Suppenkelle aus und als alle ihn für die leckere Suppe loben, zählt er alle Zutaten auf. Am nächsten Tag will er wieder mit mir kochen, wieder Tomatensuppe. Ich kann ihn noch überreden, überbackene Toasts zu machen. Welche Ausdauer! Bewundernswert. Er wird nicht müde, für 12 Personen Toasts mit Salami, Pilzen, Schinken und Käse zu belegen. Kurz vor Schluss legt er vier Hälften mit dem Kommentar zur Seite: »Die sind für mich.« Dann meint er: »Wenn ich groß bin, werde ich Koch. Ute, was kochen wir denn morgen?«

In unserer Gästetoilette hängt ein Spruch von Hermann van Veen: »Wenn du von einem Lehrer gesehen wirst und er hilft dir dabei, dein persönliches Talent zu entwickeln, dann hast du Glück gehabt.« Das Gleiche gilt für Eltern, Jugendleiter und Erzieherinnen.

Kinder sind begeisterungsfähig, egal, ob sie einen Salat waschen, im Kamin das Holz aufschichten oder einen Schrank zusammenzimmern dürfen. Wahrscheinlich liegt ein pädagogischer Schlüssel darin, sie zu ihrer Zeit zu lehren. Maria Montessori, die erste Ärztin Italiens, hat erforscht, dass es verschiedene Lernzeiten im Leben der Kinder gibt. Es gibt eine Zeit, um Ordnung[1] zu lernen und eine Zeit für die Entwicklung räumlicher Vorstellungen. Maria Montessori geht davon aus, dass es für den Menschen fatal sei und schwer nachzuholen, wenn es gerade dann nicht geschehe. Kennen Sie Kinder, die im Alter von acht bis vierzehn Monaten von ihrem Hochstuhl immer alle möglichen Gegenstände scheinbar nur runterschubsen, damit wir uns bücken und sie wieder aufheben? Montessori meint, dass die Kinder damit Raumerfahrungen sammeln. Wie klingt welcher Gegenstand aus welcher Höhe und wie lange braucht er, um unten anzukommen? Diese Vorstellung half mir, mich nicht mehr zu ärgern. Oder kennen Sie das Gezeter bei Tisch, wenn Moritz es kaum aushalten kann, dass die Deckel nicht auf den Marmeladengläsern sind? In seinem Zimmer baut er lange Schlangen mit Autos und ein Auto steht sorgfältig hinter dem anderen. Moritz lernt Ordnung. Wie schade, dass dann später die Ordnungsphase wieder vorbei ist. Manche besorgten Eltern fragen sich, ob sie je wieder kommt. Doch wenn sie zur rechten Zeit gelernt wurde, kommt sie wieder!

Kinder lieben Abenteuer, neue Dinge und Ausflüge. Finden Sie heraus, was Ihre Kinder besonders begeistert, und dann wünsche ich Ihnen Geduld, sie in ihrem Tempo zu begleiten. Aber ist es nicht auch für uns Erwachsene begeisternd, Zweijährige auf einem Spazierweg zu begleiten und wieder neu Käfer, Steine in Herzform und Blindschleichen oder Muscheln und Krebse am Strand zu entdecken? Wann haben Sie den Boden zuletzt so intensiv betrachtet?

Jeder kann etwas besonders gut. Finden Sie heraus, worin Ihr Kind seine Stärken hat. Auch für die Berufswahl später gilt: Wenn ich den Beruf erlerne, der mich begeistert, dann bin ich auch gut darin.

Wenn man von etwas begeistert ist, dann macht das Leben Spaß.

Humorvoll

Wussten Sie, dass Kinder[2] durchschnittlich dreihundert Mal pro Tag lachen und Erwachsene dagegen nur fünfzehn Mal?

Unsere Tochter beklagte sich bei uns einmal sehr darüber, das erstgeborene Kind gewesen zu sein. Schon im Alter von zwölf Jahren fiel ihr auf, dass der gerade geborene Benjamin, jüngstes Kind von sieben, viel mehr zu lachen hätte als sie im Babyalter. Jeder der sechs älteren Geschwister würde nach der Schule oder dem Kindergarten zu ihm gehen und ihn zum Lachen bringen. Jedes Mal würde er vor Freude jauchzen: »Wie traurig muss es bei mir gewesen sein, immer nur mit langweiligen Erwachsenen.«

Vielleicht ist es ein bisschen übertrieben dargestellt, da gerade das erste Kind so viel Aufmerksamkeit bekommt. Aber im Grunde hat sie gut beobachtet, was die Wissenschaft herausgefunden hat. Kinder lieben Witze, Komik, lustige Bücher und Filme und vor allem Erwachsene und andere Kinder, die sie zum Lachen bringen. In der Teenagerzeit hat man manchmal Sorge, dass sich die Teens schieflachen. Jugendliche können so albern sein. Ich kann mich noch gut daran erinnern, als meine Schwester und ich in der Pubertät waren. Der kleinste Anlass brachte uns zum Lachen. Je harmloser, desto witziger. Können Sie noch über Witze lachen? Können Sie über sich selbst lachen? Schmunzeln Sie über lustige Rätsel? Hier folgen drei Kostproben.

Was sagt eine Holzwurmmutter abends, wenn sie ihre Kinder ins Bettchen bringt? Ab ins Brettchen.

Was ist der Plural von Singular? Plural.

Warum ist einsilbig dreisilbig?

Machen Sie Ihren Esstisch zu einem Ort des Lachens, Austausches und Rätselratens und Sie werden erleben, dass sich die Familie gerne darum versammelt.

In der Gegenwart lebend

Kinder leben im Jetzt.

Mein Sohn fragte mich neulich: »Wann ist der schönste Tag?«, und ohne meine Antwort abzuwarten: »Heute!« Stehen Sie morgens mit der Aufforderung auf: »Gib jedem Tag die Chance, der schönste deines Lebens zu werden«? Ein Zitat von Bill Keane lautet: »Yesterday is the past, tomorrow is the future. Today is a gift. That is why it is called the ›present‹.« Im Englischen hat das Wort ›present‹ zwei Bedeutungen, sowohl Gegenwart als auch Geschenk. Man könnte also sinngemäß übersetzen: »Gestern ist Vergangenheit und morgen ist noch fern. Heute ist ein Geschenk. Deshalb bedeutet Gegenwart Geschenk.« Es ist ein schönes Wortspiel, das uns zum Schmunzeln bringt. Leben Sie in der Gegenwart oder denken Sie morgens: »Hoffentlich wird es bald Abend« und am Montag: »Hoffentlich ist bald Wochenende« und im April: »Hoffentlich ist bald Sommerurlaub«? Bei Kindern kann uns Ähnliches passieren. Wenn die Kinder geboren sind, denken wir: »Hoffentlich können sie bald laufen, dann reden, dann in den Kindergarten und in die Schule.« Wenn wir nicht lernen im »Jetzt« zu leben, werden wir uns in zwanzig Jahren die Digitalbilder auf dem Computer oder die Fotos in den Alben anschauen und staunen, wie »süß« die Kinder waren. Aber als sie wirklich süß waren, da haben wir es nicht miterlebt und es so empfunden. Es gibt eine makabre Antwort auf die Frage, wann Leben anfange: »Wenn die Kinder aus dem Haus sind und der Hund tot ist.« Ich habe irgendwann einmal folgende Entscheidung getroffen: »Ich werde mir keine Zeit mehr stehlen lassen, auch nicht die unangenehmen Stunden meines Lebens, wie Zahnarztbehandlungen, Untersuchungen beim Frauenarzt, Bewerbungsgespräche, Hausputz, Bügeln, anstrengende Tage mit viel Arbeit.« Ich will nicht nur 52 Wochenenden im Jahr und zwei bis drei Wochen Urlaub im Jahr leben. Dazu ist das Leben zu kostbar.

> Kinder leben in der Gegenwart, nicht in der Vergangenheit und in der Zukunft, wie viele Erwachsene.

Bevor ich Kinder bekam, habe ich die Gegenwart nicht richtig wahrgenommen. Ich habe in meinen Erinnerungen gelebt oder habe die Zukunft geplant. Vorfreude und Nachfreude war das Wichtigste. Das Erleben selbst hatte keinen so hohen Stellenwert. Ich genoss es eher hinterher, dass ich es erlebt hatte und konnte zu Hause im warmen Zimmer beim Betrachten der Fotos ins Schwärmen geraten. Doch auf der Skipiste war eher die Anstrengung und die Kälte im Vordergrund und nicht die schöne Landschaft. Meine Kinder lehrten mich, dass die einzige Zeit, in der wir leben, die Gegenwart ist. So kann es Kindern passieren, dass man ihnen beim Mittagessen sagt: »Um 15.00 Uhr fahren wir zur Oma.« Doch dann versinken sie ins Spiel. Und wenn man um drei Uhr ruft oder zur Abfahrt gongt, fragen sie, was denn los sei. Sie denken nicht mehr daran und sind untröstlich, jetzt die Spielwelt zu verlassen. Wenn wir wissen, dass Kinder so reagieren, müssen wir rechtzeitig gegensteuern, um nicht immer wieder verletzt zu werden und in Streit zu geraten. Sagen Sie doch beim Mittagessen, was sie für den Nachmittag planen, dann nach einer Stunde noch mal, dann fünfzehn Minuten vorher. Vielleicht spielt Ihr kleiner Sohn gerade mit Autos und es würde ihm helfen, wenn Sie in das Spiel mit hineingehen, sich ein Auto nehmen und erklären: »Dieses Auto fährt jetzt mit Daniel und Johannes zur Oma nach Düsseldorf.« Meine Oma hat mir über meinen Vater Folgendes erzählt:

Er las immer gerne Karl-May-Bücher und versank förmlich in eine andere Welt. Sie konnte ihn stundenlang zum Essen rufen – keine Reaktion. Aber wenn sie rief: »Winnetou, es gibt Essen«, hatte sie seine volle Aufmerksamkeit.

Wie heißen die Helden Ihrer Kinder, in deren Rolle sie manchmal verschwinden?

Ein anderes Phänomen ist mir besonders bei meinen Söhnen immer wieder begegnet.

Wir sind bei Freunden auf eine Geburtstagsparty mit herrlichem Buffet eingeladen. Nach vier Stunden fahren wir nach Hause. Schon im Auto meinten sie: »Wir haben so Hunger, was gibt es denn gleich zu essen?« Ich fragte ganz verdutzt: »Habt Ihr denn nichts von den

herrlichen Sachen gegessen?« »Nein, Mama, dafür hatten wir keine Zeit, wir wollten doch mit den Freunden spielen. Essen können wir doch auch zu Hause.«

Bei der nächsten Feier bin ich, nachdem ich gegessen hatte, zu meinen Kindern gegangen und habe sie gebeten, jetzt etwas zu essen, da es zu Hause nichts mehr gäbe.

Anpassungsfähig

In dem Artikel von Frank Vollmer[3] »Ab 20 will man keinen Wandel mehr« kann man lesen: »Je erwachsener Menschen werden, desto weniger offen sind sie für Veränderungen, sagt etwa der US-Forscher Paul Costa. Der Prozess beginnt mit Anfang 20. Dann geht's bergab mit der Veränderungsbereitschaft – Veränderung wird nur in kleinen Schritten akzeptiert.«

Der Volksmund sagt dazu: »Was Hänschen nicht lernt, lernt Hans nimmermehr.« Doch wie anders sind darin Kinder. Wenn man mit kleinen Kindern umzieht – selbst in ein anderes Land –, schließen sie schnell neue Freundschaften, erlernen eine andere Sprache und können mit Hitze oder Kälte umgehen. Manchmal kann uns diese Offenheit für neue Situationen auch verletzen.

Tobias und Anja fahren für drei Tage zu Onkel und Tante in die benachbarte Stadt. Sie genießen die gemeinsame Zeit, unternehmen einiges und schon nach zwei Tagen passiert es, dass sie Onkel und Tante mit Mama und Papa anreden. Sie kopieren die Gasteltern, essen auf einmal Blumenkohl, den sie zu Hause nicht mögen und fügen sich in die neuen Ordnungen ein, ohne sie groß infrage zu stellen.

Es ist für Eltern dann wichtig, die eigenen Empfindlichkeiten im Griff zu haben und sich einfach daran zu freuen, dass es den Kindern offensichtlich so gutgetan und gefallen hat. Manche Eltern reagieren eifersüchtig, mit Konkurrenzkampf, und lassen sich zu Äußerungen hinreißen, die sie besser für sich behalten hätten. Das kann so weit führen, dass man Kindern andere tiefe Beziehungen nicht gönnt und immer wieder Ausreden findet, warum die Kinder keine Zeit mehr haben, ein Wochenende woanders zu verbringen.

Ich habe neulich einmal scherzhaft gesagt: »Warum dürfen alle anderen unsere Kinder genießen und ich muss sie erziehen? Das ist ungerecht. Ich möchte auch ihre vielen guten Seiten genießen. Aber zu Hause zeigen sie oft die ganze Bandbreite der Gefühle und Verhaltensweisen, während die Umwelt weitgehend nur ihre guten Seiten sieht. Wie einfach haben es doch die anderen, unsere Kinder zu lieben.«

Kinder und Uhren darf man nicht nur aufziehen, man muss sie auch gehen lassen.

Freuen Sie sich an der Anpassungsfähigkeit Ihrer Kinder! Es ist eine Eigenschaft, die uns im Laufe des Lebens immer schwerer fällt, die wir aber nie aufgeben sollten. In puncto Kindererziehung möchte ich noch betonen, wie wichtig es ist, Kindern das richtige Maß von Anpassungsfähigkeit beizubringen. Sie müssen sich nicht immer und in jeder Gelegenheit anpassen. Wenn wir Kinder ins Leben begleiten, die keine eigenen Wünsche und Sehnsüchte mehr geltend machen, ja vielleicht noch nicht mal welche zu haben scheinen, dann fände ich das bedenklich und würde dem Kind helfen, diese zu entdecken.

Vergebungsbereit

Ich habe noch nie erlebt, dass eines unserer Kinder nicht vergeben hat, wenn ich es darum gebeten habe. Es ist eine wichtige Erfahrung, dass wir Eltern auch um Vergebung bitten. Es hilft Kindern, wenn sie selbst Fehler begangen haben, das eigene Versagen einzugestehen. Fällt es Ihnen leicht, sich bei Ihren Kindern zu entschuldigen, wenn Sie Dinge falsch gemacht haben? Kinder sind nicht nur im Vergeben Weltmeister, sondern auch im Vergessen, allerdings nur, wenn eine Entschuldigung ausgesprochen wird. Wenn keine Vergebung oder Aussprache geschieht, dann können Kinder auch wie Registrierkassen sein.

Claudia ist als Zehnjährige vom Rektor der Grundschule sehr hart am Arm angefasst worden, weil sie nicht gehorcht und trotz mehrmaliger Aufforderung immer noch weiter an der Klassenarbeit gearbeitet hat. Jahrelang habe sie einen großen Bogen um ihn gemacht und es nicht vergessen.

Manche Eltern haben Angst, ihr Gesicht zu verlieren, wenn sie ein Kind um Vergebung bitten, aber genau das Umgekehrte wird eintreten.

Kinder spüren, wie wichtig sie im Leben der Eltern sind. Deshalb bitte ich Sie, Ihren Kindern zu vermitteln, dass sie auf der Prioritätenliste ganz oben stehen. Oft empfinden Kinder: »Papa hat für alle anderen Dinge Zeit: für die Arbeit mit seinen Überstunden und Dienstreisen, für die Nöte der Nachbarn und Verwandten, für seine Freunde und Hobbys, für seine Posten in Kirche und Politik. Nur die Versprechen, die er mir gibt, hält er so oft nicht. Da ist der Gutschein für einen Kinobesuch, der schon seit einem Jahr nicht eingelöst werden konnte, weil immer etwas ›Wichtigeres‹ dazwischen kam. Oder das Versprechen, mal mit zu einem Fußballspiel zu kommen, wo man doch Woche für Woche als Torwart eingesetzt ist. Oder die Bitte, bei den Hausaufgaben zu helfen und man wartet und wartet und wartet. Was hatte Papa gesagt? Nur noch eben das Telefonat, nur noch eben ein Brot essen, nur noch eben umziehen … und schon war es Zeit, ins Bett zu gehen und man wurde auf den nächsten Tag vertröstet.« Auch den Müttern geht es oft nicht anders, egal ob sie zu Hause sind oder berufstätig. Sie verwenden gerne das Wort »gleich« – eine sehr dehnbare Zeitangabe von fünf Minuten bis zu fünf Stunden.

Je authentischer Eltern sind, desto mehr werden sie geliebt und geehrt.

»*Mama, kannst du mir etwas im Internet bestellen? Man kann es nur mit Kreditkarte einkaufen*«, fragt Nora. »*Falscher Zeitpunkt*«, kommt es aus der Küche zurück. »*Ich bin auf dem Sprung.*« »*Wann denn, heute Abend?*« »*Nein, da bin ich im Fitnessstudio.*« »*Ich habe den Eindruck, dass es immer der falsche Zeitpunkt ist. In diesem Haus scheint es keine richtigen Zeitpunkte zu geben*«, kontert Nora. »*Für alles hast du Zeit, nur nicht für mich.*«

Manchmal braucht es solche Seufzer der Kinderseele, die uns wachrütteln. Was hatte Nora gesagt? Es gibt keine richtigen Zeitpunkte. Es gibt Zeiten, da sind wir Erwachsenen so in unseren Alltag vertieft, dass wir darüber das Wichtigste vergessen. Das Hamsterrad hat uns fest im Griff. Unsere Terminkalender platzen. Wir fühlen uns wichtig und gebraucht. Solange wir noch Anerkennung für unsere Arbeit und unseren Einsatz bekommen, ziehen wir aus unserer Aktivität die nötige Befriedigung. Bleiben unsere Kinder da nicht manchmal auf der Strecke?

»Ihr zwei seid die reinsten Arbeitstiere«, urteilt Alisha über ihre Eltern, als die Mutter erzählt, was sie schon alles vor dem Frühstück geschafft hatte. »Soll das jetzt ein Kompliment sein oder eher eine etwas abfällige Bemerkung?«, fragt Alishas Mutter nach. Alisha weiß es nicht so recht. Sie hatte es einfach ohne darüber nachzudenken gesagt. Doch das Wort ›Arbeitstiere‹ hatte sich eingehakt und machte die Mutter nachdenklich. »Stimmt das? Nehme ich mir nicht genug Zeit zur Entspannung?«

Was würden Ihre Kinder über Sie sagen? Wo stehen Ihre Kinder in Ihrer persönlichen Prioritätenliste? Halten Sie Ihre Versprechen oder sind Sie Meister im Vertrösten?

Kinder, die sich wertgeschätzt fühlen, vergeben gerne und immer wieder.

In regelmäßigen Abständen frage ich unsere Kinder, wie sie sich in unserem Haus fühlen. Schaffen wir die Balance zwischen erziehen und verwöhnen? Hat jeder in der Familie die Möglichkeit für ein eigenes Leben und haben wir gleichzeitig genug beziehungsfördernde Zeiten zusammen?

Nutzen Sie die Vergebungsbereitschaft der Kinder nicht aus. Sonst ernten Sie später Unversöhnlichkeit.

Hilfsbereit

Die meisten Kinder wollen gerne helfen. »Learning by doing« – also lernen, indem man es tut, scheint ihr Lernprogramm zu sein. Sie sind geschaffen, durch Nachmachen zu lernen. Kinder sagen oft: »Mama, ich will dir helfen. Was kann ich tun?« Sagen Sie dem Sechsjährigen bitte nicht : »Wenn du 16 bist, bringe ich dir bei, wie man süßes Brot macht.« Ein sechsjähriges Kind kann mit ihrer Unterstützung lernen, einen leckeren Hefezopf zu backen. Es dauert nur etwas länger, vielleicht wird auch mal Salz mit Zucker verwechselt, eventuell landet auch das Ei auf dem Boden und nicht in der Schüssel und später muss die Küche gewischt werden. Aber was ist das alles, verglichen mit den strahlenden Augen Ihres Kindes, wenn das fertige Brot aus dem Ofen geholt wird? Wollen Sie Ihrem Kind wirklich die Lobeshymnen entgehen lassen, die es von Papa und Geschwistern ernten wird, wenn sie in den duftenden Hefezopf beißen? Manches Kind hat schon beim Anblick des gehenden Hefeteigs seine kreative Ader entdeckt und aus dem Teig Tiere gebastelt. Kinder können so herrlich staunen, wenn dann das Tier auf dem Blech nochmals aufgeht.

Auch putzen, Kartoffeln schälen, kochen, bügeln und nähen will gelernt sein.

»Du bist zu klein für …«. Ist das nicht der Satz, über den wir uns als Kinder am meisten geärgert haben? »Darf ich einen Pfeil schnitzen?« »Nein, du bist noch zu klein.« – »Darf ich einen Kuchen backen?« »Nein, das kannst du noch nicht.« Ich habe mir sehr früh in der Kindererziehung gesagt: ›zu‹ klein, streiche ich aus meinem Wortschatz.

Eine Kinderbitte: »Sage nicht, ich bin zu klein, zu jung, zu ungeschickt.«

Während ich an der Nähmaschine kaputte Hosen flicke, hänge ich meinen Gedanken nach. Plötzlich höre ich unseren achtjährigen Sohn fragen: »Darf ich auch mal nähen?« Ich muss mir auf die Zunge beißen, um nicht zu sagen: »Nein, das kannst du noch nicht.« Also sage ich: »Vielleicht kannst du erstmal einen Knopf annähen.« Ich gebe ihm ein Stückchen Stoff, eine Nadel, einen Faden und einen Knopf. Nach kurzen Instruktionen versucht unser Sohn, seinen ersten Knopf anzunähen. Seine Ausdauer erstaunt mich und noch mehr, als er schon beim zweiten ist. »So, jetzt will ich mit der Nähmaschine nähen«, verkündigt er siegesgewiss. Gemeinsam überlegen wir, was er denn nähen könnte. Dann kommt uns die Idee mit dem Kissen. Im Keller ist noch Jeansstoff, den ich zuschneide. Dann setzt er sich an die Maschine und näht kerzengerade Nähte, eine nach der anderen – mal zickzack, mal normal. Nach einer halben Stunde ist das Kissen fertig. Mein Sohn läuft stolz durchs ganze Haus und zeigt es allen mit dem Kommentar: »Hab ich genäht, mein erstes Kissen.« Abends legt er seinen Kopf auf das selbst genähte Kissen. Noch immer strahlen seine Augen. »Ich bin ein Künstler!« mit diesen Worten fällt er in den wohlverdienten Schlaf. Wie schade, wenn ich mir an diesem Nachmittag nicht die Zeit genommen hätte, auszuprobieren, ob unser Kind wirklich noch »zu klein« ist.

Ich kann kleine Hürden einbauen, um zu sehen, wie ernst es den Kindern ist. Zum Beispiel: »Bevor du eine Schürze nähen darfst, musst du vier gerade Nähte üben.« Vielleicht müssen wir einfach nur die Einstellung ändern. Was gibt es Besseres als hoch motivierte Kinder?

Wenn ein Kind selbst bügeln lernen will, dann sollten wir uns die Zeit nehmen, es ihm beizubringen. Überlegen Sie gleichzeitig, wie Sie den Kindern die Freude am Helfen erhalten können. Dazu gehören unbedingt Erfolgserlebnisse. Als Erstes könnte das Kind lernen, Taschen- oder Geschirrtücher zu bügeln, bevor man ihm die T-Shirts überlässt. Hemden und Blusen wären dann schon etwas für Profis. Kinder verstehen auch, dass man mit den einfacheren Aufgaben beginnt. Wahrscheinlich muss man einige ungeplante Bügelfalten aushalten. Wichtig ist auch, das Kind auf Gefahren hinzuweisen. Ich war anfangs immer in der Nähe, um auf nötige Fragen einzugehen. Ich habe oft Strümpfe zusammengelegt, wenn das Kind gebügelt hat, bis ich merkte, dass es gut alleine zurechtkam.

Leider verlieren die meisten Kinder im Laufe der Zeit die Lust am Helfen. Warum? Abgesehen vom natürlichen Lauf der Dinge, sind wir Eltern nicht ganz unschuldig daran. Viele Eltern nehmen sich nicht die nötige Zeit, sind genervt, haben keine Geduld und denken, dass sie es alleine besser und schneller könnten. »Wo gehobelt wird, da fallen Späne«, sagt der Volksmund. Wenn Sie wollen, dass Ihre Kinder kochen und backen oder basteln können, dann müssen Sie eine klebrige Küche oder einen staubigen Werkzeugkeller mit einkalkulieren. Viele Eltern haben dazu keine Lust und vergessen, die kleinen Anfänge wertzuschätzen. Später wundern sie sich, warum die Kinder nicht gerne helfen. Oft gibt es Spannungen zwischen den Generationen, da die Älteren so perfektionistisch sind und die Jungen den Alten nichts recht machen können. Wir Erwachsenen beurteilen Arbeiten meistens nur vom

Ergebnis her. Da hat ein Kind eine Stunde lang einen Kuchen zubereitet, wenn wir Glück haben sogar die Küche aufgeräumt. Aber leider hat es das Werk aus dem Ofen geholt, ohne die Garprobe mit einem Holzspieß zu machen, ob der Teig auch in der Mitte nicht mehr weich ist. So kühlt der Kuchen ab, wird angeschnitten und man stellt fest: »Er ist in der Mitte teigig.« Wie gut, wenn man dann einen Vater hat, der sagt: »Das Weiche esse ich am liebsten. Das ist nicht schlimm.« Oder: »Rundherum schmeckt der Kuchen super.« Leider hören die wenigsten Kinder solche Kommentare und verlieren dann die Lust am Experimentieren. Auch die besten Köche und Bäcker haben einmal klein angefangen.

Bill Clinton[4] sagte im November 2008 in Düsseldorf, wann immer er zu einem Klassentreffen gehe, seien die Unglücklichsten dort nicht diejenigen, die einmal gescheitert seien. Es seien die, die niemals etwas versucht hätten. Außerdem betonte er, wie wichtig und nützlich es sei, das Scheitern vor dem Erfolg zu erleben. »Jede Niederlage bringt Sie an einen Punkt, zu dem Sie ohne eine große Anstrengung nicht gekommen wären.« Das beste Beispiel dafür sei seine Frau Hillary Clinton. Natürlich – die Vorwahlen habe sie gegen Barack Obama verloren. Aber sie stehe heute in Amerika besser da als je zuvor. »Niemand glaubt mehr, dass sie im Senat sitzt, weil sie mit mir verheiratet ist. Jetzt wissen alle, wie gut sie ist«, sagte Clinton.

Unglücklich ist nicht der, der scheitert, sondern der, der niemals etwas versucht. – Bill Clinton

Wissbegierig – Belehrbar

Kinder wollen alles ganz genau wissen. Die berühmteste Kinderfrage der Welt lautet wohl: »Warum ist die Banane krumm?« Wir Erwachsenen nehmen vieles einfach hin und haben das Staunen und oft auch das Hinterfragen verlernt. Vielleicht fragen wir uns auch, ob man das wirklich alles wissen muss. Im Zeitalter des Internets scheint Wissen veraltet zu sein. In Sekundenschnelle kann ich alles nachschlagen. »Wann war noch mal der Hagelschaden in Krefeld?« Eingabe bei einer Suchmaschine und schon erscheint das

Datum 30. 5. 2008. »Wie viel wiegt ein Doppelzentner?« »100 kg.«
Kinder sehen viele Dinge, die wir gar nicht mehr sehen, die uns
nicht mehr auffallen. »Warum verändert sich der Mond? Wie entsteht Schnee?« Oft sind es Fragen aus den Naturwissenschaften.
Großeltern lesen noch vor. Deshalb sind Großeltern unersetzlich.
Sie haben Zeit und Geduld und oft auch viel Wissen durch ihr
langes Leben.

Ganz kostbar ist auch, wenn Sie als Eltern dann bei der Begegnung Enkel-Großeltern nicht immer dabei sind.

Großeltern können andere Hobbys vermitteln als Sie. Von
Generation zu Generation geht oft
wichtiges Wissen verloren. Dem   Fördern Sie die Beziehung zwischen
sollten wir entgegenwirken. Trau- Enkelkindern und Großeltern.
en Sie Ihren Eltern und Schwieger-
eltern zu, gute Großeltern zu werden. Sie werden staunen, vielleicht
auch ein bisschen neidisch sein und denken: »So etwas hat mein
Vater nie mit mir gemacht. Meine Mutter war nie so geduldig,
mir das Kochen beizubringen.« Gönnen Sie Ihren Kindern ihre
Großeltern! Und erlauben Sie der älteren Generation das Verwöhnen. Großeltern verkörpern das verschwundene Paradies hier auf
Erden. Jeder braucht Orte des Verwöhntwerdens. Stellen Sie sich
gleich darauf ein, dass die Wiedereingewöhnung in den Alltag nach
einem Wochenende oder einer Woche bei Oma und Opa mindestens einen Tag braucht, an dem es öfters Stress gibt. Legen Sie dann
nicht jedes Wort auf die Goldwaage und geben Sie einen Tag des
Nichterziehens dazu. Damit bin ich sehr gut gefahren, egal ob die
Kinder bei Schulkameraden, der Patentante oder den Großeltern
waren.

Der Psychiater Manfred Spitzer[5] von der Universität Ulm vertritt
die Ansicht, dass Lernen glücklich mache, und antwortet auf die Fra-
ge: »Ist der Mensch zum Lernen geboren?« »Ja«. Und das gilt lebens-
lang. Schule müsse eigentlich ›Freude des Lebens‹ oder ›Neugierde des
Lebens‹ heißen und nicht ›Ernst des Lebens‹. « Spitzer tritt vehement
dafür ein, dass Kinder wieder in den Wald gehen, mit allen Sinnen
die Natur erforschen und sich intensiv mit Musik, Kunst und Sport
beschäftigen sollten. Nicht jeder Achtklässler müsse Medienkompe-

tenz haben. »Können wir es uns leisten, die Köpfe der nächsten Generation mit stundenlangem, passivem Medienkonsum zuzumüllen, wo Gehirne unser einziger Rohstoff ist?«, fragt er seine Leser.

Kinder lernen gerne. Sie sind von Natur aus neugierig. Sie lieben es, wenn wir ihnen Geschichten und Bücher vorlesen.

Warum sollen wir diese Neugierde nicht nutzen und ihnen Sachbücher schenken? Es gibt sehr gute Bücher über Geschichte, Naturwissenschaften, Architektur, Zoologie und Biologie. Kinder saugen Wissen wie ein Schwamm Wasser auf. Unsere Tochter hat ein sehr gutes Allgemeinwissen. Von klein auf verwandelte sie jede Autofahrt in eine Rätseltour. Sie stellte die Fragen und ihre sechs Brüder staunten, was sie alles wusste. »Wie heißt die Hauptstadt von Italien?« Wer es wusste, durfte die nächste Hauptstadt erfragen, bis alle Hauptstädte Europas dran waren. Dann ging es nach Amerika und Afrika. Sie liebte Erdkunde. Oder die Aufgabe hieß: »Suche ein Land, eine Hauptstadt, einen Fluss, ein Tier, eine Pflanze mit A, dann B, dann C bis Z.« Es ging reihum. Auch die grauen Zellen von uns Erwachsenen wurden gefordert. Die Autofahrten gingen meistens wie im Flug vorbei. Welche Themen können Sie Ihren Kindern relativ mühelos nahebringen? Mein Vater stellte auf Autofahrten immer Rechenaufgaben oder fragte, an welchen Gebirgen wir vorbeikämen. Oder wir sangen Volkslieder. Er kannte viele auswendig und noch heute weiß ich ihre Texte. Auch mit unseren Kindern haben wir auf Autofahrten viel gesungen. Die Mundorgel war immer im Gepäck. Das war sehr lustig. Später summten wir Lieder und dann musste der Text erraten werden. Auch Filmmusik oder Anfänge von Serien standen auf dem Quizplan.

Kinder hören auch gerne Geschichten. Manchmal gaben unsere Kinder ein Stichwort und ich sollte mir dazu etwas ausdenken. Viele Geschichten blieben in ihrem Gedächtnis.

Neulich sagte Pascal (15 Jahre): »Weißt du noch? Früher hast du uns von dem einsamen Sandkorn erzählt, das sich so ungeliebt und

Lesen ist wie Kino im Kopf und reisen in ferne Länder.

Wenn das Gehirn noch jung ist, lässt es sich viel leichter lernen, das sollten wir ausnutzen.

zu nichts nutze fühlte.« Nein, ich wusste es nicht mehr, und dann erzählte er mir meine Geschichte: »Das Sandkorn wurde von einer Muschel gefressen und dann wurde langsam, aber sicher innerhalb mehrerer Jahre eine Perle daraus.«

Fragen stellen ist eine wichtige Möglichkeit, etwas zu lernen. Gesine Schwan[6] hat anlässlich des Todes von Sir Peter Ustinov über ihn gesagt: »Er hat wie ein Kind nie aufgehört zu fragen und begreifen zu wollen.«

Wie fragen Kinder?

- **Kinder fragen direkt**
  »Mama, bist du dicker als Anna?«, sollte nur mit »Ja« oder »Nein« beantwortet werden. Es sollte keine Diskussion auslösen, ob Mama zu viel wiegt. Das Kind will auch nicht, dass Sie abnehmen. Es ist eine reine »Stimmt-das-Frage«. »Papa, liebst du Max mehr als mich?«, sagt nicht automatisch, dass das Kind sich weniger geliebt fühlt. Es kann natürlich sein, dass es einen äußeren Anlass gegeben hat, es muss aber nicht. Klarheit kann man bekommen, wenn man nachfragt: »Wieso fragst du mich das?«

  Kinder überlegen auch nicht vorher, ob die Frage angemessen ist, ob sich vielleicht jemand verletzt fühlen könnte. Sie können sich nämlich noch nicht in andere hineinversetzen. Empathie, Mitgefühl, die Reaktion des anderen wahrnehmen oder sogar vorausahnen, setzt schon eine reifere Persönlichkeit voraus. Deshalb bitte ich Sie, sich nicht von Kinderfragen verletzen zu lassen.

- **Kinder fragen nur so viel, wie sie wissen wollen**
  Bei der Frage »Mama, woher kommen die Babys?« reagieren viele mit rotem Kopf und kramen in Gedanken schon alle Aufklärungsbücher aus dem Schrank hervor. Oft reicht schon die Antwort: »Aus dem Bauch der Mamas.« Das Kind ist zufrieden. Keine weiteren Fragen.

  Auch die Frage »Bekommen wir auch mal einen Hund?« will direkt mit »Ja« oder »Nein« beantwortet werden. Wir denken oft, dass wir Kindern alles erklären müssen.

Wenn Sie antworten »Hunde machen so viel Arbeit. Wer soll denn mit dem Hund dreimal am Tag rausgehen?«, kann das schon zu viel sein. Antworten Sie lieber einfach und lassen Sie eine zweite und dritte Frage der Kinder zu. Erstaunlicherweise sind Kinder oft auch mit Negativaussagen zufrieden.

- **Kinder stellen Fragen oft immer wieder**
Lernen ist ständige Wiederholung, das vergessen wir Eltern manchmal. »Wie oft soll ich dir das denn noch sagen? Das habe ich dir doch erst gestern erklärt«, stöhnen so manche Eltern. Kinder leben so stark in der Gegenwart, dass sie immer wieder neu ihre Welt verstehen wollen. Außerdem leben sie in einem ständigen Wandel. Was gestern noch verboten war, ist heute auf einmal erlaubt.

Zum einen können die gleichen Fragen an einem Tag mehrmals gestellt werden, zum anderen können sich Fragen aber auch in verschiedenen Lebensabständen wiederholen.

Mareike wurde zum wiederholten Mal erzählt, dass sie ein adoptiertes Kind ist, und plötzlich fragt sie mit 14 Jahren: »Woher habe ich denn die braunen Augen? Ihr habt doch beide blaue.« »Du weißt doch, dass wir nicht deine leiblichen Eltern sind. Die Frau, die dich geboren hat, hatte braune Augen«, antwortet die Mutter. Mareike fällt aus allen Wolken und sagt: »Das höre ich heute zum ersten Mal.«

Wir Menschen sind Meister im Verdrängen. Bitte werden Sie in solch einer Situation nicht ärgerlich. Nehmen Sie es so, wie es ist. Bleiben Sie sachlich. Versuchen Sie, das Kind ernst zu nehmen und helfen Sie ihm liebevoll auf dem Weg zur Wahrheit.

- **Kinder fragen scheinbar zusammenhanglose Dinge**
»Papa, wo ist Opa jetzt? Liegt er immer noch in der kalten Erde?« »Nein, der braucht jetzt nicht zu frieren«, antwortet der Papa. »Wann darf ich zu Nina?«, fragt Yvonne weiter. Der Vater ist noch beim anderen Thema und kommt gar nicht so schnell mit. »Was hast du gefragt?« »Ich will zu Nina, spielen gehen. Geht das jetzt?«

Kinder springen in den Themen schnell hin und her. Wie Schmetterlinge scheinen die Gedanken durch den Kopf zu fliegen. Auch das sollten wir einfach so stehen lassen und aushalten.

Angst vor Kinderfragen

Haben Sie keine Angst vor Fragen. Wenn Sie mal eine Antwort nicht wissen, ist das nicht schlimm. Kindern geht das ja täglich so. Wenn Sie dann sagen: »Du, das weiß ich jetzt auch nicht so genau. Da müssen wir nachlesen«, lernt das Kind, wie man sich Wissen aneignet, das noch nicht im Kopf ist. Wenn ich spontan über meinen Vater etwas sagen sollte, dann Folgendes: »Er hat auf jede Frage eine Antwort gefunden.« Wir hatten mehrere Enzyklopädien und mein Vater war nie zu müde, einer Frage nachzugehen, die wir Kinder stellten. Das hat sich genauso tief in mich eingeprägt wie der Satz: »Wenn du eine Sache aus einem Buch gelernt hast, dann hat sich das Lesen des ganzen Buches gelohnt.«

Entführen Sie Ihre Kinder in die Welt des Wissens. Es ist ein Vorrecht, lernen zu dürfen, keine Strafe. Auch zur Schule gehen zu dürfen, ist ein Geschenk. Wir sollten unsere eigenen Kinder nicht durch unser Negativreden demotivieren. Wir klagen oft auf hohem Niveau, anstelle dankbar zu sein oder aufgedeckten Missständen Taten folgen zu lassen.

Lieben Sie die Fragen Ihrer Kinder? Oder sind Sie meistens davon genervt? Vielleicht, weil Sie merken, wie viel Sie nicht wissen, oder nicht mehr wissen oder weil Sie einfach wenig Zeit haben. Ich möchte Ihnen Mut machen! Hören Sie zu, wenn eine Frage kommt, und nehmen Sie sich die Zeit zu antworten. Kinder spüren, ob Sie in Gedanken meistens woanders sind, und suchen sich dann andere Personen, die sie fragen.

Kinder sind (auch) ...
- vertrauensvoll,
- leichtgläubig,
- begeisterungsfähig,
- humorvoll,
- in der Gegenwart lebend,
- anpassungsfähig,
- vergebungsbereit,
- hilfsbereit,
- wissbegierig und belehrbar!

Haben Sie die oben beschriebenen Eigenschaften auch bei Ihren Kindern entdeckt?

Ist das nicht ein Grund zu danken?

Welche Eigenschaft wollen Sie in den nächsten Wochen mehr wertschätzen oder auch entwickeln?

Schaffen Sie bewusst Räume, in denen Ihr Kind seine Gaben entfalten kann.

Kapitel 2
Kinderbitten

Welche Bitten haben Kinder an ihre Eltern?

Habe Zeit für mich

Jugendliche wurden gefragt, was sie in ihrem Elternhaus am meisten vermissen würden. Viele antworteten: mittags eine warme Mahlzeit und dass meine Eltern Zeit für mich haben.

Wie sieht das bei Ihnen aus? Sind Sie da, wenn Ihre Kinder aus dem Kindergarten und der Schule kommen? Erfahrungsgemäß erzählen sie dann am meisten, was sie bewegt hat. Ich bemühe mich, immer da zu sein, wenn sie kommen. Zwischen 13.30 und 14.00 Uhr esse ich mit dem ersten Kind, das Schule aus hat. Oft sitzen wir noch am Tisch, wenn sich die beiden nächsten aufs Mittagessen freuen. Aber auch die Älteren rufen oft, wenn sie Nachmittagsunterricht hatten und deshalb noch später kommen: »Mama hast du Zeit? Kannst du mit mir reden? Setzt du dich zu mir?« Nach dem Essen wird dann noch besprochen, wer bei den Hausaufgaben Hilfe braucht oder sich auf eine Arbeit vorbereitet. Ich erinnere noch mal an den Musikunterricht oder andere Aktivitäten und erkläre, wann ich für sie Zeit habe.

Wenn ich mittags eine Verpflichtung hatte, fand ich die Kinder auch schon mit ihrem Essen vor dem Fernseher wieder. Oder sie aßen gar nichts und warteten, bis ich wieder da war.

Auch die Zubettgehzeit ist eine gute Gelegenheit, den Kindern Qualitätszeit zu geben, in der man nochmals über alles sprechen kann, was so am Tag passiert ist.

Kinder sehnen sich nach ungeteilter Aufmerksamkeit. Gehen Sie ab und zu mal zusammen schwimmen, joggen oder Fahrradfahren. Wir sind mit unseren Kindern zweimal im Jahr in ein Restaurant zum sogenannten »Zeugnisessen« gegangen. Damit wollten wir ihre Anstrengungen während des Schuljahres belohnen. Wir fanden das eine bessere Idee, als Noten zu bezahlen. Besonders wenn man unterschiedlich leistungsstarke Kinder hat, eignet sich ein Zeugnisessen. So kann man das Bemühen belohnen und nicht das Ergebnis.

In der Kommunikation wird die Botschaft zu 60 Prozent mit der Gestik, zu 35 Prozent durch den Tonfall, zu 5 Prozent durch Worte vermittelt.

Reden, zuhören, verstehen und verstanden werden ist ein wichtiges Fundament, wenn man Zeit miteinander verbringen will.

60 Prozent Gestik

Wenn Sie weiterbügeln, kochen oder putzen, obwohl Ihnen Ihr Kind wichtige Fragen stellt, zeigt das dem Kind: »Ich habe keine Zeit.« Oder noch schlimmer: »Ich habe kein Interesse an dir und deinen Fragen.« Unterbrechen Sie Ihre Arbeit, nehmen Sie Ihr Kind auf den Schoß, beugen Sie sich zu ihm herunter, schauen Sie ihm in die Augen – kurzum: Wenden Sie sich dem Kind zu. Und schon fühlt sich das Kind ernst genommen. Als junge Mutter habe ich eine wichtige Erfahrung gemacht. Wir wurden auf einem Seminar aufgefordert, uns für kurze Zeit in die Lage eines sechsjährigen Kindes zu versetzen und zu spüren, wie es ihm in der Welt der Erwachsenen geht. Dazu mussten wir uns klein machen, an anderen Erwachsenen hochsehen, ihnen zuhören, wie sie wild gestikulierend auf uns einredeten. Das war eine gute Übung. Ab dem Zeitpunkt habe ich immer versucht, mit den Kindern auf Augenhöhe zu reden.

35 Prozent Tonfall

Markus hat von Papa einen Nachmittag zu zweit geschenkt bekommen: »Papa, gehst du mit mir schwimmen?«, fragt Markus. »Ja«, antwortet Papa. Im Ton liegt aber ein »Jein« bis »Nein, nicht so ger-

ne« drin, und so fragt Markus seine Mama: »Mama, will Papa mit mir nicht schwimmen gehen? Es hat sich so komisch angehört, als Papa: ›Ja‹ gesagt hat.« Die Mama hat die Unterhaltung aus der Küche mitbekommen und staunt über ihren Sohn: »Ja, ich denke, du hast recht. Papa würde lieber mit dir einen Fahrradausflug zur nächsten Eisdiele machen. Wäre das auch o. k. für dich? Ihr könntet ja das Tandem nehmen.«

Manchmal schwingt im Tonfall eine andere Botschaft mit, als die Worte sagen. Wie gut, wenn man dann nachfragen darf.

5 Prozent Worte

Kinder reagieren nur zu 5 Prozent auf die gesagten Worte. Ist das nicht erstaunlich?

Versuchen Sie, dass Gestik, Tonfall und Worte stimmig sind, um das Kind nicht zu verunsichern.

Nimm mich ernst

Lachen Sie nicht über die Fragen, die Ihr Kind stellt, sonst könnte es sein, dass Ihnen keine Fragen mehr gestellt werden. Kinder sind in diesem Punkt sehr sensibel und kleine Registrierkassen.

Es gibt keine dummen Fragen, nur dumme Antworten.

... in meiner Verletzbarkeit

Ganz empfindlich reagieren Kinder, wenn man sich über sie lustig macht, ihnen Röte ins Gesicht steigt und sich ein Gefühl von Scham auf sie legt. Es gibt zwei Arten von Scham.

Natürliche Scham
Die natürliche Scham entwickelt sich besonders in der Pubertät und signalisiert dem jungen Menschen, dass er sich nicht vor anderen entblößen sollte. Auf einmal schließt das Kind beim Duschen ab, schreit auf, wenn man unangemeldet ins Bad kommt, und will nicht mit den anderen nach dem Sport duschen.

Bloßstellende Scham

Die zweite Art von Scham bewirkt, dass man sich unwohl fühlt, bloßgestellt wird. Die deutsche Sprache spricht von beschämen, Scham auf jemanden legen. Viele Reaktionen des Erwachsenen rühren von Kindheitstraumata, in denen Scham auf sie gelegt wurde. Das führt zu Minderwertigkeitsgefühlen, fehlendem Zutrauen in eigene Fähigkeiten und einem tiefen Schmerz.

Es gibt bestimmte Situationen, die ursächlich dafür verantwortlich sind, dass Scham auf einen Menschen gelegt wird. Das kann passieren, wenn man vorgeführt wird, Schwäche und besonderes Aussehen in den Mittelpunkt gestellt werden und sich andere darüber lustig machen oder auch wenn Gelächter durch sogenannte Situationskomik ausgelöst wird.

Frank ist bei Freunden der Eltern zu Gast. Er spielt seit einen halben Jahr Klavier. Die Eltern sind stolz darauf, was Frank schon alles kann und nötigen ihn, etwas vorzuspielen. Er lässt sich überreden. Es geht auch ganz gut, er bekommt seinen Applaus und wäre glücklich gewesen, wenn da nicht der Onkel gewesen wäre, der nun wiederum seinen Sohn Matthias vorführen will, der auch seit einem halben Jahr Unterricht hat – aber um Klassen besser spielt. So fühlt sich Frank gedemütigt, was bestimmt keiner will, aber sich in seinem Herzen festsetzt und ihn davon abhält, bei zukünftigen Vorspielmöglichkeiten mitzumachen. Was Frank zu diesem Zeitpunkt nicht weiß, ist, dass Matthias später Konzertpianist werden wird – vielleicht ein später Trost.

Wir sollten vorsichtig sein, Kinder zu benutzen und ihnen immer die Freiheit lassen, »Nein« zu sagen. Oft lachen wir über Kinder, weil sie so lustige Sachen sagen. Eins unserer Kinder sang in einem Lied immer sehr laut: »Du bist mein ›Flugzeugort«« anstatt mein »Zufluchtsort«. Bis heute schmunzle ich bei dem Gedanken daran. Solche Situationen können schon mal heftiges Gelächter auslösen und man kann als Erwachsener geneigt sein, solche Geschichten immer wieder zum Besten zu geben. Sehr treffend meinte dazu einmal eins unserer Kinder: »Warum erzählst du immer aus unserem Leben? Erzähl doch aus deinem.« Wir sollten nur Geschichten erzählen, die Kinder nicht mit Scham belegen. Im Zweifelsfall kann man ja das Kind um Erlaubnis fragen.

... in meinen Eigenarten

Kinder haben oft ein feines Gespür für das, was ihnen guttut. Als Dermatologen haben wir bei Allergien und anderen Hauterkrankungen in der Anamnese (Erfragung der Vorgeschichte) die Beobachtung gemacht, dass Kinder schon früh ihren Eltern sagten: »Ich mag keine Milch. Davon wird mir schlecht.« Dann stellte sich eine Milchunverträglichkeit heraus. Oder die Kinder weigern sich, Orangen zu essen, weil ihre Haut dann so sehr juckt. Bevor wir Kinder als mäkelig und schwierig einstufen, sollten wir diesen Aussagen auf den Grund gehen. Mein Mann aß nie gerne Schlachtplatten und fette Speisen. Er wurde oft dafür gehänselt. Als er Student war, stellte sich heraus, dass er eine Verdauungsstörung hat, die Fett nicht gut abbaut. Mein kleiner Sohn sagte einmal zu mir: »Mama, ich esse keine Frikadellen mehr. Davon muss ich immer pupsen.« Ich schlug ihm vor, dass wir das nächste Mal Frikos ohne Zwiebeln braten würden. So fanden wir heraus, dass er auf Zwiebeln heftig mit Blähungen reagierte, was sich im Laufe der Zeit wieder gab. Ich habe meinen Kindern beigebracht, alles immer wieder einmal zu probieren, da sich der Geschmack von Kindern auf dem Weg ins Erwachsenenalter stark ändern kann. Aber ich habe sie nicht gezwungen, Dinge zu essen, die sie absolut nicht mochten.

... wenn ich »Nein« sage

Manchmal sind die Ziele der Eltern zu ehrgeizig und manchmal steigt das Kind unterwegs aus. Wo motivieren Sie Ihr Kind immer noch, obwohl sich das Kind innerlich schon längst verabschiedet hat? Wo wollen Sie sein »Nein« einfach nicht hören?

Benno, 7 Jahre alt, Einzelkind, spielt im Basketballverein. Seine Eltern unterstützen ihn, wo es nur geht. Die Mutter ist für die Cafeteria verantwortlich und steht bei allen Heimspielen hinter der Theke, um Kaffee und Kuchen zu verkaufen, damit Geld in die Vereinskasse kommt. Der Vater fährt den Sohn zu allen Auswärtsspielen und engagiert sich auch bei Grillfesten. Das Ehepaar ist das Herzstück der Elternarbeit. Es

könnte immer so weitergehen, mittlerweile hat man richtig gute Freunde dort gefunden. Doch der Sohn ist zunehmend unwillig, weiter zum Training zu gehen. Irgendwie hält er den Leistungsdruck nicht aus, klagt immer wieder über Kopfschmerzen. Die Eltern überreden ihn, weiterzumachen, doch er will nicht. Mit neun Jahren melden sie ihn schließlich schweren Herzens ab. Doch die Liebe zum Verein bleibt. Sie kommen zu allen Spielen seiner ehemaligen Mannschaft, auch in der Hoffnung, dass der Sohn doch wieder anfängt.

Lass mir meine Geheimnisse

Lesen Sie heimlich Briefe, Tagebücher, SMS oder E-Mails? Lauschen Sie unbemerkt an der Tür Ihrer Kinder oder am Telefon? Behalten Sie die Ihnen von den Kindern anvertrauten Geheimnisse wirklich für sich? Sollten die Kinder herausfinden, dass Sie es nicht tun, werden sie Ihnen schlicht nichts mehr erzählen.

Mir war es ganz wichtig, die Privatsphäre unserer Kinder zu achten. Dazu gehören auch Brief- und Tagebuchgeheimnisse. Wenn Sie neugierig sind, weil Ihre Schwester Ihrer Tochter einen langen Brief geschrieben hat, dann fragen Sie Ihr Kind, ob Sie den Brief lesen dürfen. Wenn es »Nein« sagt, dann akzeptieren Sie es.

Entdecken Sie die Gnade des »Nicht-alles-wissen-Müssens«.

Wie verlockend es auch sein mag, morgens, wenn das Kind in der Schule ist, den Brief zu lesen. Sie sollten es sich verbieten. Wie leicht ist es doch beim Saubermachen, mal eben das Zimmer nach dem Tagebuch zu durchstöbern. Doch das ist tabu. Meistens habe ich bei unseren Kindern ein- bis zweimal im Jahr einen gründlichen Zimmerentrümpelungsputz gemacht, wobei ich nichts einfach weggeworfen habe und fast immer das Kind bat, mit aufzuräumen, damit ich gar nicht erst in Versuchung kam. Ich habe mich auch immer bemüht, an verschlossenen Türen anzuklopfen und nicht einfach mit der Tür ins Haus zu fallen.

Müssen Sie wirklich alles wissen? Gibt es nicht auch die Gnade, nicht alles mitzubekommen, was Kinder anstellen? Ich glaube, dass wir als Mütter tausend Tode sterben würden, wenn wir wüssten, auf welche Bäume unsere Kinder klettern, an welchen Kirchtürmen sie hochsteigen, über welche Bahngleise sie laufen und welche Mutproben sie bestehen.

Sei vertrauenswürdig

Kann Ihr Kind Ihnen vertrauen, weil Sie zu Ihrem Wort stehen? Halten Sie ein, was Sie sagen, sowohl beim Versprechen als auch bei der Bestrafung? Kinder brauchen Erwachsene, Autoritätspersonen, deren »Ja« ein »Ja« und deren »Nein« ein »Nein« ist. Auch in der Schule werden die Lehrer, die klare Regeln haben und Konsequenzen einfordern, am meisten geehrt und geliebt. Kinder wollen in der Tiefe ihres Herzens keine Eltern, die sie manipulieren können. Sie testen zwar immer wieder ihre Macht, aber sie wollen nicht unbedingt Oberwasser bekommen.

Sei ehrlich zu mir

Es ist für Eltern wichtig, kein Traumbild vom Kind zu lieben, sondern das Kind so, wie es ist.

Wenn Kinder von Eltern immer als Prinzen behandelt werden und man ihnen alles abnimmt, werden sie spätestens beim Eintritt in den Kindergarten und die Schule auf Normalmaß gestutzt. Und das tut weh.

Haben Sie das Kind so angenommen, wie es ist, oder lieben Sie ein Traumbild Ihres Kindes?

Kann Ihr Kind sich auf Ihr Urteil verlassen? Halten Sie alles, was Ihr Kind macht, für gut oder sind Sie ehrlich? Kennt Ihr Kind durch Sie seine Stärken und Schwächen?

Mein Vater und ich haben oft Tischtennis gespielt. Wir hatten eine Tischtennisplatte im Keller. Er hat mich nie gewinnen lassen. Bis zu meinem fünfzehnten Lebensjahr habe ich ihn nie besiegt, aber dann kam mein großer Tag. Der erste Sieg, was war das für ein Sieg!!

Wenn ich zurückdenke, habe ich nie darunter gelitten, ihn erst mit fünfzehn Jahren geschlagen zu haben. Ich hatte einfach akzeptiert, dass er besser ist.

Lassen Sie Ihr Kind immer gewinnen oder lernt es auch zu verlieren? Manche Eltern haben Angst vor den Wutausbrüchen ihrer Kinder und lassen sie deshalb gewinnen. »Mensch ärgere dich« ist ein gutes Spiel, um mit Wut umgehen zu lernen. Bevor Sie das Kind aus falschen Motiven heraus gewinnen lassen, setzen Sie lieber ein halbes Jahr mit diesem Spiel aus, bis das Kind eine höhere Frustrationstoleranz entwickelt hat. Sie finden bestimmt ein anderes Spiel, das Ihrem Kind Spaß macht. Manchmal ziehen sich Kinder selbst zurück und meiden Situationen, in denen sie ihre Gefühle nicht unter Kontrolle haben. Das sollten wir akzeptieren und nicht ins Lächerliche ziehen.

Ihr Kind hat ein Recht darauf, dass Sie ihm die Wahrheit in aller Liebe sagen.

Anja meinte: »*Ich spiele nicht mehr ›Pong Majjong‹ mit euch.*« »*Ja, warum denn nicht? Das kann man aber nur zu viert spielen und wenn du nicht mitspielst, können wir es als Familie nicht mehr spielen.*« »*Mir fällt es immer so schwer, zu entscheiden, welchen Stein ich herauslegen soll, und dann werde ich wütend, wenn ich den falschen gelegt habe. Ich will nicht wütend werden, deshalb spiele ich nicht mehr.*«

Kinder haben auch ihre Bereiche, in denen sie besser sind als Erwachsene. Memory ist so ein Spiel, bei dem Erwachsene kaum eine Chance haben. Meine Kinder haben mich da jedenfalls immer geschlagen, auch wenn ich mich noch so sehr angestrengt habe. Ist es nicht besser, mit Anstand zu verlieren, als durch einen faulen Kompromiss zu gewinnen? Welche Botschaft vermitteln wir unseren Kindern?

Oft läuft das Kind dann strahlend durch die ganze Wohnung und ruft: »*Ich habe den Papa im Schach geschlagen. Bin ich nicht gut?*« *Wie peinlich, wenn dann der ältere Bruder fragt:* »*Papa, ist das wahr, hat sie dich im Schach geschlagen? Das glaub ich nicht.*« *Und der Papa mit einem Zwinkern im Auge lachend zugibt:* »*Doch, sie hat mich geschlagen.*« *Wie mag sich das Mädchen dann fühlen?*

Geschwister untereinander sind da ehrlicher. Niemals würde sich der Große vom Kleinen in dem Spiel »Siedler« kampflos schlagen lassen. Ich beobachte das gerade wieder bei den Söhnen von Freunden.

Der 14-jährige Tobias sagt: »Mama, zum ersten Mal habe ich Thomas (20 Jahre alt) im ›Siedler für zwei Personen‹ geschlagen. Aber er will eine Revanche.« Als ich mit Thomas darüber spreche, meint er: »Ja, das stimmt, Tobias hat mich besiegt. Ich glaube, ich habe meinen älteren Bruder noch nie geschlagen, aber ich gebe nicht auf. Wir schenken uns gegenseitig eben nichts. Damit du das richtig verstehst. Ich meine, dass jeder zu stolz dazu wäre, den Sieg einfach abzugeben.«

Kinder können Niederlagen aushalten und wenn nicht, müssen sie es lernen. Besser sie lernen es zu Hause als im Kindergarten und in der Schule.

Sei an mir interessiert

Sind Sie informiert über die Dinge, die Ihr Kind beschäftigen? Mein Mann ist mit jedem seiner Söhne, also sechsmal, auf ein Vater-Sohn-Seminar gefahren. Immer wieder musste er einen Fragebogen ausfüllen, der ihn oft zum Schwitzen brachte.

Können Sie nachfolgende Fragen über Ihr Kind beantworten?

- Wie heißt der beste Freund Ihres Sohnes oder die beste Freundin Ihrer Tochter?
- Welche Schuhgröße hat Ihr Sohn/Ihre Tochter?
- Für welchen Fußballverein schwärmt er oder sie?
- Was würde er/sie sich von Ihnen wünschen, wenn Sie einen Tag zusammen Zeit verbringen könnten?
- Wie heißen die Lehrer und Lehrerinnen Ihres Sohnes/Ihrer Tochter?
- In welchen Fächern ist er/sie gut?
- An welchem Tag hat Ihr Sohn/Ihre Tochter Geburtstag?

»*Mama, du hast nach der Schule gar nicht gefragt, wie die Mathematikarbeit gelaufen ist. Das machst du doch sonst immer*«, merkt mein Sohn beim Zubettgehen an. »*Oh, entschuldige, ich hatte heute so viel zu tun, dass ich das glatt vergessen habe. Verzeih mir.*«

Kinder schätzen Eltern, die informiert sind und mitfiebern, wenn der Sohn rechtsaußen in seiner Mannschaft spielt oder die Tochter eine wichtige Prüfung hat. Informieren Sie sich über Lernstandserhebungen. Engagieren Sie sich im Verein Ihrer Kinder, machen Sie zum Beispiel beim Handball den Zeitnehmerschein, um zur Not oder auch regelmäßig die Mannschaft bei Wettkämpfen unterstützen zu können. Kinder sind stolz auf Eltern, die sich beim Kindergartenfest, den Theateraufführungen der Schule, bei Fahrdiensten und Kuchenspenden, beim Auf- und Abbau von Zelten einbringen. Welche Fragen bewegen Ihr Kind? Kennen Sie die Welt, in der Ihre Kinder leben?

Sei ein gutes Vorbild

Kinder lernen am Vorbild. Der deutsche Erzähler Arno Schmidt[7] (1914–1979) sagte einmal: »Erziehung ist, die Kinder dahin zu bringen, die Fehler der Eltern zu wiederholen.«

Der Pessimist sagt, dass das Glas halb leer ist, während der Optimist das Glas für halb voll hält. Man könnte ja auch Herrn Schmidts Spruch die Spitze nehmen, wenn man den Satz umformuliert: »Wie einfach ist es, Kindern etwas beizubringen, wenn sie es einfach nur nachmachen müssen.« Wenn sie an mir ablesen können, wie man mit Enttäuschung, Wut, Unzufriedenheit und mangelnder Lust zur Arbeit umgeht, kann ich darauf hoffen, dass sie mich nachahmen.

Es hat keinen Sinn Kinder zu erziehen, sie machen sowieso alles nach.

Mein Mann bringt mir einen Blumenstrauß mit. Ich stelle ihn in die Vase mitten auf den Tisch. Beim Abendbrot fragt einer meiner Söhne: »Mama, von wem hast du den denn bekommen?« »Von Papa.« »Oh, von Papa, ich werde später meiner Frau auch mal Blumen schenken.«

Kinder kopieren viele Jahre ihres Lebens Gutes wie auch Schlechtes von ihren engsten Bezugspersonen.

Maria und Manuel sind bei der Oma zu Besuch. Sie backt zum Kaffeetrinken einen Bienenstich und einen Nusskuchen mit Schokoladenguss. Beim Kaffeetrinken sagt Manuel: »Danke, Oma, dass du für uns so lecker gebacken hast.« Die Oma ist gerührt und erzählt es ihrer Tochter, als diese die Kinder abholt. Daraufhin erklärt ihr die Tochter: »Mein Mann isst so gerne selbst gebackenen Kuchen und so backe ich oft am Wochenende für uns. Es bedeutet ihm ganz viel und deshalb bedankt er sich eigentlich immer, wenn ich backe.«

Mein Beispiel spricht lauter als jedes gesprochene Wort.

Wenn ein Kind dies jedes Wochenende hört, gräbt es sich tief in seine Seele ein. Was leben Sie Ihren Kindern vor?

Sei dankbar

Vielen Eltern fallen nur die Fehler und Unzulänglichkeiten der Kinder auf. Da kommt die Mutter nach Hause, ist noch nicht ganz zur Tür drin und ruft: »Martina, deine Schuhe sind nicht im Schuhschrank. Ulf, dein Fahrrad steht unabgeschlossen vor der Garage.« Oder der Vater betritt das Haus und ruft: »Muss denn das ganze Haus eine Festtagsbeleuchtung haben? Strom ist teuer. Wann lernt ihr endlich, das Licht auszumachen, wenn ihr nicht im Raum seid?« – »Karla, hast du deine Hausaufgaben gemacht?«

Kinder bemerken dann mit Recht: »Bevor Mama und Papa ›Guten Tag‹, ›Hallo‹ oder ›Wie geht's euch‹ sagen, meckern sie schon an uns herum. Komischerweise merken sie aber nicht, wenn wir die Hausschuhe wider Erwarten an den Füßen haben, wir das Bett gemacht oder die Haustür wegen der Kälte zweimal abgeschlossen haben.« Könnten Eltern nicht wenigstens ab und zu eine rosarote Brille aufziehen statt der schwarzen? Ich habe einmal gehört, dass auf einmal Tadeln fünfmal Loben kommen sollte. Wie meilenweit entfernt sind wir Eltern davon doch oft. Das, was gut läuft, halten wir für normal und nicht erwähnenswert.

Zählen Sie doch einmal, wie oft Sie sich in den letzten beiden Tagen bei Ihrem Kind bedankt und wie oft Sie es gelobt haben!

Entschuldige dich auch einmal

Manche Eltern haben Angst, die Autorität zu verlieren, wenn sie einen Fehler zugeben. Andere denken, dass ihr Kind dann Macht über sie hat und es vielleicht überall herumerzählt, was der Papa gemacht hat. Eigentlich wollen Kinder von Natur aus stolz auf ihre Eltern sein. Deshalb werden sie wahrscheinlich eher Dinge erzählen, die die Eltern in den Augen der Freunde gut dastehen lassen.

Entschuldigen Sie sich für ...

... Dinge, die Sie nicht beabsichtigt haben
Kennen Sie auch den Satz: »Das habe ich doch nicht extra gemacht.« Tobias tritt Anja auf den Fuß und meint, sich nicht entschuldigen zu müssen, da es ohne Absicht geschah. Ich würde behaupten, dass die meisten Verletzungen unbeabsichtigt geschehen und trotzdem den Satz erfordern: »Es tut mir leid, dass das passiert ist. Ich übernehme die Verantwortung dafür und bin auch bereit, es wieder gutzumachen.« Falls Mamas Lieblingstasse beim Abtrocknen auf den Boden fällt, sollte das Kind sich entschuldigen und auch fragen, ob es die Tasse ersetzen muss. Genauso sollten wir die Beschwerden eines Kindes ernst nehmen. »Mama, du hast über mich gelacht. Das war nicht in Ordnung.« – »Mama du hast mich im Streit angeschrien.« Sind Sie schon mal über Ihren eigenen Schatten gesprungen und haben sich bei Ihrem Kind entschuldigt?

... Dinge, die Sie vergessen haben
»Papa, du hattest versprochen, mit mir zu spielen und dann bist du nicht gekommen.« Wir gehen manchmal sehr locker mit dem Einhalten von Versprechen um. Kennen Sie auch die Situation, dass Sie dem Kind versprachen: »Für die nächste Zwei im Diktat spendiere ich dir ein Eis«? Und dann passierte es vier Monate

später, doch sie konnten sich an nichts erinnern? Sind Sie auch schon einmal damit gescheitert, pünktlich zum Handballspiel Ihres Sohnes zu kommen oder Ihre Tochter beim nächsten Einkauf in den Baumarkt mitzunehmen? Am schwierigsten scheint es zu sein, wenn das Versprechen erst in der Zukunft eingelöst werden kann: »Wenn du acht bist, bekommst du ein ferngesteuertes Auto. Wenn du ordentlich essen kannst, darfst du allein zu Oma und Opa fahren…«

… Dinge, die Sie selbst als nicht so schlimm ansehen, aber Ihr Kind verletzen

Jeder Mensch hat ein unterschiedliches Scham- und Schmerzempfinden. Was für den einen harmlos ist, verletzt den anderen sehr tief. Ein guter Rat ist, das Kind *nie* vor Freunden zurechtweisen, Geheimnisse *nie* weitererzählen, das Kind *nie* vor anderen blamieren. Vielleicht denken Sie jetzt, dass das doch selbstverständlich sei. Aber das ist gar nicht so einfach, wenn Freunde zum Essen bleiben oder sogar übernachten.

Geschwisterkinder reagieren meistens verletzt und fast schon allergisch auf ständiges Vergleichen: »Dein Bruder hatte aber immer ein besseres Zeugnis. Deine Schwester räumt doch auch immer auf.« Über die verletzenden Auswirkungen von Ironie habe ich schon an anderer Stelle gesprochen.

Zu spät?

Es ist fast nie zu spät. Manche Entschuldigungen werden auch erst ausgesprochen, wenn das Kind älter oder vielleicht sogar schon erwachsen ist.

Andrea bat ihren Vater sehr oft, mit ihr mal aus Legosteinen einen Eiffelturm zu bauen. Leider gab es immer genug Gründe, es nicht zu tun. Als sie bereits 21 Jahre alt war, fragte ihr Vater eines Tages: »Hast du am Samstagnachmittag mal drei Stunden für mich Zeit?« Sie dachte, dass er ihre Hilfe beim Streichen des neuen Gästezimmers benötigte, und sagte zu, ohne nachzufragen. Als sie dann in ihr ehemaliges Kinderzimmer gingen, meinte der Vater: »Ich muss mal mit

dir reden. Ich weiß auch nicht, warum ich es nie getan habe. Es tut mir so leid. Kannst du mir vergeben? Irgendwie musste ich in den letzten Wochen immer wieder daran denken, dass wir den Eiffelturm immer noch nicht gebaut haben. Ich würde es mit dir heute gerne nachholen, wenn du es nicht für albern hältst. Ich habe alle Legosteine vom Speicher geholt und würde heute Nachmittag gerne ein Stück Paris mit dir bauen.« Andrea war so gerührt, dass ihr die Tränen über die Wangen liefen. Auch ihr Vater musste weinen und schämte sich der Tränen nicht. Sie nahmen sich beide in den Arm. Dauerte es Sekunden, Minuten? Hinterher wusste es keiner mehr. Dann fingen sie an zu bauen. Nach eineinhalb Stunden war das Pariser Wahrzeichen fertig. Es stand mitten im Kinderzimmer, heute ein Symbol der Liebe eines Vaters zu seiner Tochter.

Was haben Sie Ihren Kindern versprochen und nie gehalten? Man kann die Zeit zwar nicht zurückdrehen, aber für Kinder ist es wie Balsam für ihre verwundeten Herzen, wenn Eltern um Vergebung bitten und – sofern noch möglich – ein Versprechen einlösen.

Sei authentisch

Kinder haben ein feines Gespür dafür, ob man ehrlich ist. Tragen Sie keine Masken vor dem Kind. Es gibt zwei Arten von Masken, die man tragen kann.

Die Maske: Es geht mir schlecht

Viele Menschen flüchten sich in eine Krankheit, wenn sie im Alltag nicht zurechtkommen. Manche geben das auch offen zu: »Wenn ich nicht mehr kann, nehme ich meine jährliche Grippe. Eine Woche ohne Verpflichtung im Bett und dann bin ich wieder fit.« Bei anderen nimmt sich der Körper das, was er braucht. Die Menschen werden krank, weil sie sich übernehmen und nicht auf die Signale des Körpers Rücksicht nehmen. Nicht, dass Sie mich falsch verstehen. Ich will hier nicht sagen, dass jede Krankheit selbstverschuldet oder vorgetäuscht ist.

Man beobachtet aber ein merkwürdiges Phänomen. Wenn ich in die Schule oder zur Arbeit muss oder eine unangenehme Aufgabe vor mir habe, fühle ich mich kränker, als wenn ich in ein Konzert, auf eine Geburtstagsfeier oder zu einem Wochenendtrip möchte, worauf ich mich schon monatelang gefreut habe. Wenn ein kranker Mensch auf Dinge verzichtet, die ihm viel bedeuten, dann ist er wirklich krank. Allerdings gibt es auch die Verdrängungskünstler, die selbst schwer krank noch vorgeben, gesund zu sein, aber darauf gehe ich weiter unten noch ein.

Sagen Sie Ihrem Kind nie, dass es schuld ist, dass Sie wieder Migräne, Magenschmerzen oder Herzrhythmusstörungen haben. Manche Kinder schlagen sich ein Leben lang mit Schuldgefühlen herum, weil Ihre Eltern sagten:

- ◆ Du machst mich krank.
- ◆ Du raubst mir noch mal meinen Verstand.
- ◆ Ihr seid meine Sargnägel.

Was wird dann, wenn die Mutter immer wieder krank ist, der Vater Alzheimer bekommt, die Mutter frühzeitig stirbt? Kinder dürfen nicht zu Sündenböcken gemacht werden.

Selbst wenn Sie nächtelang nicht schlafen können, weil ihr Kind Bauchkrämpfe hat, oder Sie das Verhalten des Kindes für unerträglich halten und nicht mit ihm zurechtkommen oder Sie unter der Entbindung eine Hirnblutung bekommen mit Ausfall vieler hormoneller Funktionen – diese Ereignisse können dem Kind nicht als Schuld auferlegt werden.

Kinder tragen keine Schuld an Ihrer Krankheit.

Der zehnjährige Matthias sagt seiner Tante: »Mein Vater hasst mich, da ich schuld daran bin, dass meine Mutter bei meiner Geburt starb und er seine geliebte Frau nicht mehr hat.«

»Meine Mutter hatte immer wieder Migräneanfälle«, erzählt Claudia. »Wenn es ihr ganz schlecht ging, hat sie oft gesagt: ›Seit deiner Geburt habe ich diese Kopfschmerzattacken, jetzt nimm Rücksicht auf mich und sei leise.‹«

So menschlich das auch ist, sich hinter einer Maske zu verstecken und zu sagen »Lasst mich alle in Ruhe«, so wünsche ich uns doch, dass wir diese Masken erst einmal erkennen und dann Stück für Stück ablegen und nicht mehr brauchen. Wir müssen lernen mit den Herausforderungen des Alltages so umzugehen, dass wir sowohl unsere Grenzen achten als auch den Kindern gerecht werden.

Die Maske: Es geht mir gut

Viele Menschen tragen aber auch die andere Maske. Man spürt, dass sie Schmerzen haben, ins Bett gehören und sie Hilfe bräuchten, aber sie antworten auf die Frage: »Wie geht's?« »Gut.« Kinder akzeptieren und können es auch aushalten, wenn Sie ehrlich sind und erklären: »Mir geht es heute nicht gut. Ich möchte mich etwas hinlegen.« Manche Kinder müssen Rücksicht nehmen lernen und brauchen eine Erklärung, was sie tun sollen. Sie wissen nicht automatisch, dass sie jetzt leiser sein sollen, die Musik vielleicht nur auf Zimmerlautstärke anmachen können und heute keine Freunde einladen sollten. Sagen Sie Ihrem Kind, was Sie sich wünschen.

Lassen Sie die Kinder an ihren Gefühlen teilhaben, nicht an allen, aber an den meisten. Kinder werden Sie sowieso durchschauen. Kinder können mehr verkraften, als Sie denken.

Manchmal hilft es auch, einen Wecker zu stellen und dem Kind zu sagen: »Wenn du den Wecker läuten hörst, dann kannst du wieder zu mir kommen. Aber so lange möchte ich schlafen können. Geh bitte auch nicht ans Telefon. Ich habe den Anrufbeantworter eingeschaltet.« Dann erleben Sie vielleicht beim dritten Versuch, dass das Kind nicht ständig ins Schlafzimmer stürmt, um zu fragen: »Darf ich ein Bonbon haben?« »Darf ich zu Tobias gehen?« »Kannst du mir bei Französisch helfen?«

Als mein Vater ein Schulkind war, musste er jeden Tag bergauf und bergab eine Stunde zur Schule hin und eine Stunde zurück laufen – bei Wind und Wetter, bei Schnee und Hitze. Da hat keiner gesagt: »Das arme Kind.« Das war selbstverständlich. Heute werden viele Kinder absolut verhätschelt. Sobald der erste Regentropfen vom Himmel fällt, holt Mami das Auto aus der Garage und fährt ihr Kind zu Kindergarten oder Schule. Selbst wenn sie keine Zeit hat, wirft sie ihren ganzen Plan über den Haufen und spielt Taxi. Ich wurde einmal gefragt, wie ich das mit sieben Kindern schaffen würde. Daraufhin sagte ich, dass unsere Kinder fast alles mit dem Fahrrad erreichen könnten und auch eine halbe Stunde zum Klavierunterricht mit dem Fahrrad zurücklegen würden.

Erziehe mich mit Liebe und Konsequenz

Neinsagen

Manchmal haben Kinder durch den »Nervfaktor« Erfolg. »Darf ich einen Riegel Schokolade haben?«, kann Maja um 13.00 Uhr, 14.00 Uhr und 15.00 Uhr fragen und erlebt dann, dass dem zweimaligen »Nein« dann ein »Ja, dann nimm dir schon einen, du Quälgeist« folgt.

Wenn Kinder einmal heraushaben, dass sie durch Quengeln etwas erreichen, haben Sie verloren. Geben Sie nicht nach, nur weil Sie Ihre Ruhe haben wollen.

Irene Gilbert-Loh[8]*, eine sehr erfolgreiche Unternehmerin, wird anlässlich ihres 90. Geburtstages interviewt und erzählt: »Unsere Kinder wussten immer, was wir denken und auch wie wir reagierten. Unser Ältester hat einmal mit 13 Jahren gesagt, er wolle sich bei uns bedanken. Und auf meine Frage: ›Wofür denn?‹ meinte er, ›Dass Ihr auch mal »Nein« sagen könnt.‹ Es ist ganz wichtig in der Erziehung, klare Positionen zu äußern und den Mut zu haben, Dinge abzulehnen, von denen man überzeugt ist.«*

Der Nervfaktor ist kein guter Ratgeber.

Ein »Nein« in Fürsorge und Liebe ausgesprochen, kann für das Kind auch ein Schutz vor Überforderung sein. Manchmal fragen uns Kinder, ob sie zu einem Freund dürfen, weil dieser gerade anruft. Eigentlich sind sie zu müde oder müssen noch für eine Arbeit üben, aber das wollen sie nicht sagen. Wie gut, wenn Kinder dann die Eltern vorschieben können mit den Worten: »Ich darf nicht.«

Logische Konsequenzen setzen

Barbara will mit ihrer vierjährigen Mareike zur Oma fahren, kommt ins Kinderzimmer gestürmt und sagt: »Wir wollen in zehn Minuten los. Aber wenn du dein Zimmer nicht aufräumst, fahren wir nicht zur Oma.«

Das ist eine gefährliche Androhung. Würde Barbara wirklich ihre Mutter anrufen und der Oma den Nachmittag verderben, nur weil Mareike nicht aufgeräumt hat? Wir sollten Strafen ankündigen, die auch durchführbar sind und mit denen wir uns und andere nicht bestrafen. Gerne wird auch damit gedroht, dass Kinder nicht draußen spielen dürfen, wenn sie nicht aufräumen oder ungehorsam sind. Auch das ist eine in meinen Augen törichte Strafe. Kinder, die den ganzen Tag oder sogar mehrere Tage in ihr Kinderzimmer eingesperrt werden, werden eher noch schwieriger, patziger und ungehorsamer als Kinder, die sich draußen austoben dürfen. Logische Konsequenzen haben direkt mit dem Fehlverhalten zu tun: Wenn du den Becher mit Kakao umgeworfen hast, holst du einen Lappen und wischst alles wieder sauber. Wenn du deiner Schwester den Bleistift kaputt gemacht hast, musst du ihr einen neuen kaufen. Wenn du mit schmutzigen Stiefeln durch den frisch gewischten Flur marschierst, musst du den Flur putzen. Es ist wichtig, sich in Ruhe logische Konsequenzen auszudenken, denn sie fallen einem manchmal im Affekt nicht ein. Ich habe mal eine Geschichte zum Schmunzeln gehört.

Der fünfjährige Martin macht seiner sechsjährigen Schwester Petra eine Puppe kaputt und muss sie von seinem Taschengeld ersetzen. Er hat ein Sparschwein, von dem die Mutter den Schlüssel hat und aus dem das Geld für den Kauf einer neuen Puppe genommen wird. Zwei Monate später fragt Martin seine Mama: »Mama, kannst du mal nachzählen wie viel Geld ich noch im Sparschwein habe?« »Ja, aber warum denn?«, will die Mama wissen. »Ich will nur wissen, ob ich Petra noch einmal eine Puppe kaputt machen kann.«

Auch wenn das bestimmt nicht die gewünschte Botschaft beim Ersetzen der Puppe war, hatte er doch verstanden, dass sein Verhalten Konsequenzen haben würde.

Aufgestellte Regeln einfordern

Als Eltern konsequent zu sein, fällt manchmal sehr schwer und tut auch oft nicht nur den Kindern weh. Aber sind wir es unseren Kindern nicht schuldig?

Arne wollte unbedingt auch ins Fitnessstudio gehen. Lange kämpfte er mit seinen Eltern darum. Er hatte schon viele Sportarten ausprobiert, war mittlerweile 15 Jahre alt und wollte wie seine Klassenkameraden auch gut aussehen. Da die Eltern um die oft nur anfängliche Begeisterungsfähigkeit ihres Sohnes wussten, schlossen sie folgenden Vertrag mit ihm: »*Wenn du nicht wenigstens ein bis zweimal pro Woche ins Studio gehen wirst, musst du den Beitrag selbst bezahlen.*« *Im ersten Monat ging Arne schon unregelmäßig, weil er keinen fand, der mit ihm zur gleichen Zeit gehen konnte. Dann kam die Advents- und Weihnachtszeit, dann sein Geburtstag und eine Grippe. Im Nu waren drei Monate vergangen und von regelmäßigem Training keine Spur. Mehrmals wurde er ermahnt, gelobte jedes Mal Besserung, aber die Versprechen hielten nicht lange. Eines Tages sagten seine Eltern:* »*Wir haben jetzt vier Monate zugesehen. Wir werden den Vertrag zum Ende des Jahres kündigen und den Monatsbeitrag, wie besprochen,* von deinem Taschengeld einbehalten. Es tut uns leid, wir wollen es nicht, aber anders scheinst du es nicht zu lernen.*« *Total entwaffnend antwortete Arne:* »*Ich finde es gut, dass ihr konsequent seid. Vielleicht schaffe ich es dann zu gehen, wenn es mein eigenes Geld ist. Das tut dann richtig weh. Ich habe sowieso schon damit gerechnet, dass ihr es macht.*«

Arnes Eltern wollten nicht hart sein, sie wollten ihm das Fitnessstudio gerne bezahlen, aber sie schuldeten ihrem Sohn, dass sie zu ihrem Wort standen.

Das Schwierigste ist oft, logische Konsequenzen zu finden.

Konsequenz gibt Kindern Sicherheit.

Warum fällt es uns Eltern nur so schwer, aufgestellte Regeln auch wirklich einzufordern? Warum knicken wir so schnell ein? Warum können uns unsere Kinder so schnell um den Finger wickeln?

Alex hat den Dienst, die Spülmaschine jeden Tag auszuräumen. Doch immer wieder macht es die Mutter für ihn. Mal ist er bei einem Freund und sie will nicht den ganzen Nachmittag den Abwasch in der Küche stehen haben. Mal ist er beim Fußball, mal schon im Bett, bevor sie es ihm gesagt hat. Manchmal ist die Mutter einfach zu müde, um ihn aus der obersten Etage wieder herunterzuholen. Er hört sie oft nicht und dann muss sie die Stufen hinaufgehen. Oft ruft die Mutter ihn auch nur nicht, um nicht wieder die gleichen Diskussionen zu führen: »Warum muss ich denn diesen Dienst haben? Als Astrid so alt war wie ich, musste sie das auch nicht tun. Gestern war Besuch da, warum muss ich denn jetzt mehr arbeiten?«

Von der Fremddisziplin zur Selbstdisziplin

Kinder sind Meister im Ausredenfinden. Sie schaffen es immer wieder, den Fuß aus der Schlinge der Arbeit zu bekommen. Wenn Sie anfangen zu diskutieren, haben Sie schon verloren. Lassen Sie sich nicht darauf ein. Sie haben vorher die Dienste verteilt und darum erübrigt sich das tägliche Infragestellen. Sagen Sie einfach in ruhigem Ton: »Darüber brauchen wir jetzt nicht zu diskutieren. Du tust es einfach.« Und wenn Ihr Kind dann noch sagt: »Da habe ich aber keine Lust zu«, dann antworten Sie einfach: »Dann tu es eben ohne Lust. Ich muss auch vieles ohne Lust tun.«

Bernhard Bueb[9] schreibt in seinem Buch: »Lob der Disziplin«: »Mut zur Erziehung heißt vor allem Mut zur Disziplin ... Disziplin beginnt immer fremdbestimmt und sollte selbstbestimmt enden.«

Welche Regeln gibt es bei Ihnen? Wissen die Kinder, dass sie nicht vor 17.00 Uhr an den Computer gehen dürfen oder erst ein Spiel aufräumen müssen, bevor sie das nächste aus dem Schrank holen? Gibt es das ungeschriebene Gesetz, keine Süßigkeiten zu nehmen ohne zu fragen oder erst die Hausaufgaben zu erledigen, bevor man zu einem Freund geht? Halten Sie diese Regeln auch ein?

»Vertrauen ist gut, Kontrolle ist besser« ist ein sehr hilfreicher Satz in der Kindererziehung. Es braucht lange, bis die Kontrolle entfallen kann. Kinder wollen kontrolliert werden. Sie probieren das Brechen der Regeln immer wieder gnadenlos aus. Sie machen so lange keine Hausaufgaben, bis sie vom Lehrer erwischt werden. Sie nehmen sich so lange heimlich jeden Tag ein Stückchen Schokolade aus *Stellen Sie nur Regeln auf, die Sie auch kontrollieren und einklagen können.* dem Süßigkeitenschrank, bis die Mutter Lunte riecht und einen erwischt. Sie gehen so lange schon vor 17.00 Uhr an den Computer, bis der Papa ins Computerzimmer kommt. Haben Sie noch den Überblick über das, was Ihre Kinder tun? Ich unterbreche immer wieder meine Arbeit, um hochzugehen und nachzusehen, ob die Kinder wirklich, wie beim Essen besprochen, an ihren Hausaufgaben sitzen. Wenn sie dann am Computer sind, meistens mit der guten Ausrede, dass sie etwas für die Schule im Internet nachschauen müssten, verwarne ich sie und sage: »Wenn ich das nächste Mal komme und du die Regel überschritten hast, dann ist der Computer für heute und den nächsten Tag weg.«

Versuche meine Nöte zu verstehen

... wenn ich mutlos bin

»Mama, ich will nicht mehr leben«, sagt die Dreizehnjährige, als sie aus der Schule kommt. Leider sagt die Mama: »So etwas darfst du nicht sagen, das tut mir weh.«

Wir sollten als Eltern nicht zuerst auf unsere Gefühle reagieren, sondern uns in die Lage des Kindes hineinversetzen. Natürlich trifft uns das an unserer empfindlichsten Stelle, wenn unser Kind äußert, nicht mehr leben zu wollen. Sofort haben wir Schuldgefühle und überlegen, was wir falsch gemacht haben könnten, dass sich unser Kind bei uns nicht geborgen und geliebt fühlt. Aber wenn man weiß, wie labil gerade dreizehnjährige Mädchen sind, dann hilft das bereits ein Stück weit. Mädels in diesem Alter sind himmelhoch jauchzend und zu Tode betrübt – dazwischen können zwei Minuten liegen. Deshalb ist es wichtig, den Ball aufzunehmen, den Ihnen Ihre Tochter zuwirft, und zu fragen: »Was ist denn passiert, dass du so etwas sagst? Hast du eine schlechte Arbeit zurückbekommen? Bist du verliebt, aber der Junge will nichts von dir wissen? Bekommst du vielleicht deine Periode?« Dann kann ein gutes Mutter-Tochter-Gespräch entstehen. Wenn nicht, dann sollten Sie es einfach akzeptieren.

... wenn ich wütend bin

»Benimm dich anständig, wenn du ins Haus kommst«, schreit der Vater seinen Sohn an. »Man knallt nicht Schultasche, Anorak und Schuhe irgendwohin in die Ecke.«

Vordergründig mag der Vater recht haben, aber das Herz seines Sohnes hat er verloren. Weiß der Vater denn, warum der Sohn so wütend oder enttäuscht oder beides ist? Hätte der Vater nicht besser erst einmal gefragt, was los sei? Dann hätte er vielleicht erfahren, dass die Mannschaft des Sohnes ihr Fußballspiel in letzter Minute noch verloren hat oder der Sohn als Ersatzspieler die ganze Zeit auf der Bank sitzen musste, obwohl seine Klassenkameraden gekommen waren, um ihn zu sehen, oder er furchtbar gefoult wurde, ohne dass das Foul geahndet wurde.

Das Raphaelhaus[10] in Mülheim an der Ruhr schreibt auf seiner Internetseite, dass ihr wichtigster Leitgedanke »Erst verstehen, dann erziehen« sei.

Wie wohltuend wäre es gewesen, wenn der Vater gedacht oder auch gesagt hätte: »Es muss etwas Furchtbares passiert sein, wenn sich mein Sohn so benimmt.«

Wie oft reagieren wir nur auf ein Fehlverhalten, ohne uns die Mühe zu machen nachzufragen.

... wenn andere an mir schuldig werden

Oft erzählen Kinder auch nichts mehr, weil sie den Eindruck haben, dass die Eltern die Schuld der anderen sowieso nicht sehen wollen.

Anja fängt an zu berichten: »*Die Sabine hat mein Federmäppchen in den Mülleimer geworfen.*« *Und schon sagt die Mutter:* »*Und was hast du gemacht?*« »*Nichts.*« »*Das glaub ich nicht, Sabine wirft doch nicht einfach das Federmäppchen in den Mülleimer. Das kannst du mir nicht erzählen. Du bist auch kein Unschuldslamm. Was hast du gemacht. Hast du sie geärgert?*«

Sofort sitzt das Kind, dem Unrecht geschehen ist, auf der Anklagebank. Irgendwie scheint das in uns Eltern so angelegt zu sein, dass wir nicht fähig sind, erst mal zu sagen: »Das ist nicht in Ordnung, was Sabine gemacht hat.« Vielleicht wäre der nächste Schritt gewesen: »Erzähl mal, wie es dazu gekommen ist.« Oder: »Wie hast du darauf reagiert? Hast du es dem Lehrer gesagt? Hat sich Sabine dafür entschuldigt?« Wenn wir wollen, dass Kinder uns unangenehme Situationen erzählen, dürfen wir sie nicht sofort an den Pranger stellen. Neulich sagte ein Kind: »Wenn ich von der Polizei erwischt werde, weil ich auf der falschen Straßenseite Fahrrad fahre und dafür 15 Euro zahlen muss, dann hebe ich das Geld von meinem Konto ab und zahle es ein, sodass meine Eltern das nicht mitbekommen. Meinen Sie, ich will zu Hause dann auch noch Stress haben? Die 15 Euro reichen mir schon.«

Tobias kam einmal mit einem in seine Einzelteile zerlegten Zirkel nach Hause. Er beschwerte sich: »*Karsten hat ihn zerlegt und jetzt ist er kaputt.*« *Der Vater bohrte so lange, bis sein Sohn zugab, dass er den Zirkel als Erster auseinandergenommen hatte. Aber da Tobias handwerklich sehr geschickt ist, machte es ihm keine Mühe, ihn auch wieder zusammenzubauen. In der großen Pause nahm sich Karsten den Zirkel und versuchte auch sein Glück. Leider fielen ihm dabei die Schrauben auf den Boden und da sie so klein waren, hat er sie nicht wiedergefunden. Nun wollte Tobias Ersatz von Karsten, der sich aber weigerte und seinerseits behauptete, dass Tobias ihn mit den Worten:* »*Du schaffst es bestimmt nicht, den Zirkel zusammenzubauen*« *herausgefordert hätte. Nach dem Telefonat mit Karstens Mutter ging der Streit so aus, dass Tobias und Karsten jeweils die Hälfte eines neuen Zirkels zahlen sollten. Tobias lief enttäuscht in sein Zimmer, knallte die Tür zu und schrie:* »*Ich wusste ja, dass ich wieder der Blöde bin. Bekomme ich hier im Haus denn niemals Recht? Karsten hat ihn alleine kaputt gemacht.*«

Tobias ging es doppelt schlecht. Zum einen wurde ihm der Zirkel kaputt gemacht, zum anderen fühlte er sich eine Stunde lang im Verhör der Eltern wie auf der Polizeiwache und dann gab es auch noch Streit, weil er angeblich nicht die »ganze« Wahrheit gesagt hätte.

Es gehört schon Fingerspitzengefühl dazu, solche Situationen richtig einzuschätzen. Aber es wird schwierig, wenn Kinder empfinden, dass die eigenen Eltern immer für die anderen sind und alles infrage stellen, was sie selbst sagen. Natürlich müssen wir bedenken, dass alle Schilderungen subjektiv sind und wir Menschen vieles verzerrt und zu unseren Vorteilen erzählen. Ich wünsche Ihnen, dass Sie nie das Vertrauen Ihres Kindes verlieren.

Es gibt natürlich auch Eltern, die ihre Kinder immer sofort und grundsätzlich in Schutz nehmen, egal was Lehrer und Mitschüler sagen.

... wenn ich nicht weiterweiß

Ganz schlimm finde ich auch, wenn Eltern ein Kind in Not mit den Worten wegschicken: »Ich mag keine Petzliesen oder Petzer. Versuch den Streit allein zu schlichten.« Wenn ein Kind zu uns kommt, braucht es Hilfe und kann es nicht alleine. Bitte lassen Sie Ihr Kind nicht im Regen stehen. Natürlich ist es gut, wenn Kinder ihre Unstimmigkeiten alleine bereinigen können, aber oft sind sie unterschiedlich alt und haben noch nicht gelernt fair zu streiten.

Ein Lehrer sagte mir einmal: »Nach 30 Jahren Unterrichtspraxis habe ich eins begriffen. Ich werde die Wahrheit im Streitfall nicht erfahren. Jeder stellt es anders dar und keiner ist schuld. Deshalb sage ich als Streitschlichter manchmal: ›Es ist mir egal, wie es sich im Einzelnen zugetragen hat. Jeder wird eine Teilschuld tragen. Ziel ist es, dass ihr miteinander auskommen müsst. Wenn ihr das nicht könnt, müsst ihr euch aus dem Weg gehen.‹ Das mag viele nicht zufriedenstellen, da bei dieser Vorgehensweise keiner Recht bekommt, aber es ist sehr pragmatisch.«

Auch bei so einer Vorgehensweise der Schule brauchen unsere Kinder Hilfe, da sie das oft verletzt. Sie wollen erzählen dürfen und hoffen, auch Recht zu bekommen.

... wenn ich gegen das »Schicksal« kämpfe

Viele Wünsche können wir unseren Kindern nicht erfüllen. Mit manchen Gegebenheiten müssen sie sich abfinden: sei es Einzelkind zu sein oder in einer Großfamilie heranzuwachsen, als Junge oder Mädchen geboren zu sein, als Scheidungskind, Waise oder in einer klassischen oder Patchwork-Familie zu leben. Kinder brauchen das Gefühl verstanden zu werden. Geben Sie Ihrem Kind zu verstehen: »Ich weiß, dass es für dich nicht einfach ist. Meine Pläne für unsere Familie waren auch andere. Ich kann mich in dich hineinversetzen und bin mit dir traurig, dass es für dich so schwer ist.« Vielleicht können Sie auch gemeinsam über die Situation weinen.

Erst kürzlich wurden in England 1600 Zehnjährige[11] danach gefragt, welche Gesetze sie erlassen würden, wenn sie König oder Königin wären. Als häufigste Antwort wurde: »Ban a divorce« genannt, also Scheidungen zu verbieten.

Kinder lieben Mutter und Vater, sie wollen sich nicht entscheiden müssen, mit wem sie leben wollen. Sie wollen beide haben und darum kämpfen sie oft auch. Trotzdem werden viele Kinder diesen Schmerz erleben und verarbeiten müssen, egal wie sehr sie sich dagegen wehren und wie sehr sie auch Stiefmütter und -väter bekämpfen werden. Es ist für uns Erwachsene wichtig zu verstehen, dass es für Kinder emotional alles andere als leicht ist und sie viel Verständnis in solchen Situationen brauchen.

... wenn ich in einer anderen Zeit lebe

»Begrenzen Sie Ihr Kind nicht auf das, was Sie gelernt haben, denn es ist in einer anderen Zeit geboren«, sagt ein jüdisches Sprichwort.

Ohne Handy

Machen wir nicht manchmal den Fehler, dass wir zu unseren Kindern sagen: »Als ich zur Schule ging, habe ich auch kein Handy gebraucht. Man kann sehr gut ohne Handy leben.« Aber der Sohn merkt, dass er ohne Handy ausgeschlossen ist. Da ihm das Medium, mit dem alle Verabredungen getroffen werden, nicht zur Verfügung steht, hat er nicht erfahren, dass sich alle aus seiner Klasse zum Rollhockey verabredet hatten. Pech für ihn.

Ohne Internet

»Man kann auch im Lexikon nachlesen, wer Albert Einstein war, wieso brauchst du dazu denn Internet?« Ja, liebe Mutter, weil der Lehrer wie selbstverständlich annimmt, dass das Kind zu Hause einen Internetzugang hat und die Aufgabe hieß: »Schaue im Internet nach, was du alles über Albert Einstein finden kannst.« Deshalb brauchen Kinder ab einer gewissen Klassenstufe einen Computer mit Internetzugang.

Die Welt verändert sich rasant schnell. Das heißt nicht, dass wir alles mitmachen müssen. Nur den Satz: »Bei mir war es damals so und deshalb kannst du das auch so machen« sollten wir aus unserem Wortschatz streichen. Viele Kinder reagieren sowieso allergisch, wenn wir Erwachsenen zum Ausdruck bringen, dass früher alles besser war. Was hilft ihnen dieser Satz? Sie leben im Jetzt und müssen im Jetzt zurechtkommen.

> Begrenzen Sie Ihr Kind nicht auf das, was Sie gelernt haben, denn es ist in einer anderen Zeit geboren.

Versorge mich

... mit Essen

Lehrer beklagen, dass Kinder morgens ohne Frühstück aus dem Haus gehen, kein Pausenbrot mithaben und sich mittags von Süßigkeiten und Fast Food ernähren. Früher war es normal, dass Mütter mittags eine warme Mahlzeit kochten. Immer mehr Frauen gehen aber arbeiten und sind müde, wenn sie von der Arbeit kommen. Die Kinder sind gewohnt, sich dann unterwegs Pommes zu holen oder eine Schüssel mit Müsli oder anderen Cerealien zu essen, wenn sie Hunger haben. Unsere Kinder haben immer wieder gesagt, wie dankbar sie sind, dass ich jeden Mittag koche. Wenn sie Gastkinder mitbrachten, stellten die oft lustige Fragen, besonders wenn sie Einzelkinder waren: »Wie, Pizza kann man selbst machen? Die bestellen wir immer.« Oder: »Was ist denn Grießbrei, das habe ich bei uns noch nicht gegessen.«

Einmal wurde ein Kind abgeholt. Die Mutter sagte: »Wir fahren noch eben an der Pommesbude vorbei.« Daraufhin meinte das Kind: »Habt Ihr wieder keine Lust zu kochen? Ich will nicht schon wieder Pommes essen.«

... mit Schlaf

Wir sollten auch jeden Tag den Kampf um genügend Schlaf für die Kinder ausfechten. Kindern tut Regelmäßigkeit gut und oft auch ein fester Ritus. Legen Sie eine Uhrzeit fest, zu der man sich bettfertig machen soll. Kinder lieben Gute-Nacht-Geschichten, bei Mama oder Papa im Arm zu liegen, zu kuscheln und noch vom Tag zu erzählen. Je mehr Ruhe Sie ausstrahlen, desto

Müder Kopf studiert nicht gern.

besser kann das Kind abschalten und in den Schlaf finden. Auch bei Teenagern sind wir gefragt, damit Lehrer es nicht noch schwerer haben, sie zum Lernen zu motivieren.

Unter der Überschrift[12]: »Kurzschläfer sind öfter krank – Zu wenig Schlaf schadet der Immunabwehr« konnte man von einer interessanten Studie lesen, die uns motivieren könnte, darauf zu achten, dass Kinder genug Schlaf bekommen.

Forscher in den USA fanden bei dieser Studie (bei der Testpersonen gezielt Rhinoviren erhielten) heraus, dass die Testpersonen, die weniger als sieben Stunden Nacht-

Wer zu wenig schläft, erkältet sich leichter. Ist der Schlaf auch noch unruhig, steigt das Risiko noch einmal.

schlaf hatten, dreimal so oft an Husten, Schnupfen und Heiserkeit erkrankten im Vergleich mit der Gruppe der Testpersonen, die acht und mehr Stunden Nachtruhe hatten.

... mit einer Schulbildung

Ich kann mich noch an ein Plakat erinnern, auf dem Wolfgang Clement als Ministerpräsident von Nordrhein-Westfalen (1998–2002) uns Eltern sinngemäß mit den Worten wachrütteln wollte: »Hinter erfolgreichen Kindern stehen Eltern.« Das hat mich motiviert, nicht zu denken, dass Kinder alles alleine schaffen müssen.

Als unser Sohn ein Austauschjahr in Amerika machen wollte, waren wir persönlich gerade in einer schwierigen Situation. Mein Vater war gestorben, wir mussten mein Elternhaus auflösen und wir hatten einen Umzug zu verkraften, sodass ich zu ihm sagte: »Andreas, das musst du alleine organisieren.« Voller Elan informierte er sich. Er kam bis zu einem gewissen Punkt und meinte dann: »Mama, ich kann das nicht alleine. Es ist zu viel zu erledigen: eine Organisation aussuchen, sich bewerben, Bewerbungsgespräche führen, auf ein Wochenende der Einführung fahren, eine Fotocollage über mich, meine Hobbys und unsere Familie erstellen, einen Brief an die potenziellen Gasteltern schreiben, viele Impfungen durchführen, den Reisepass bestellen, mehrere Formulare für ein Visum in die USA ausfüllen und schließlich das Visum beantragen. Ich gebe auf.« Ich ging in die Schule und sprach mit dem Lehrer, der ihm den Floh ins Ohr gesetzt hatte. Ich erklärte meine Situation und dass Andreas es alleine schaffen müsste. Daraufhin meinte er: »Frau Horn, ich habe noch nie erlebt, dass ein Kind das ohne die Hilfe seiner Eltern geschafft hat. Aber ich fände es sehr wichtig für Ihren Sohn. Er braucht diese neue Herausforderung.« So fuhr ich mit dem festen Vorsatz nach Hause, Andreas die nötige Unterstützung zu geben. Interessanterweise hatte er sich, während ich in der Schule beim Lehrer war, zu Hause hingesetzt und eine Liste mit den Punkten »Was spricht für Amerika und was dagegen?« erstellt. Er begrüßte mich mit den Worten: »Mama, ich fahre nicht in die USA. Ich schaffe es nicht alleine.« Wie froh war er zu hören, dass ich mir noch am selben Nachmittag Zeit nehmen wollte, mit ihm alles vorzubereiten. Ein halbes Jahr später saß er im Flugzeug Richtung New Mexico.

... mit Informationen

Ich lese die Tageszeitung immer auch unter dem Gesichtspunkt, was für unsere Kinder wichtig oder interessant sein könnte. So habe ich schon viele gute und wichtige Tipps geben können. Ich habe einen speziellen Ordner angelegt. Dann schneide ich die Zeitungsnotizen aus und hefte sie ab, oder ich gebe sie den Kindern gleich. Verantwortung für Kinder übernehmen, heißt sich um sie kümmern.

... mit Fürsorge

Wir hatten einmal ein Au-pair-Mädchen, die als Einzel- und als Schlüsselkind aufwuchs. Als sie krank war und ich sie fragte, was ich ihr Gutes tun könnte, reagierte sie mit Erstaunen. »Auch wenn ich krank war, hat sich niemand um mich gekümmert. Ich bin immer alleine zum Arzt gegangen. Du brauchst dich nicht um mich sorgen«, meinte sie. Und doch ist es etwas anderes, allein zum Arzt zu gehen. Gestern antwortete mir ein Junge, den ich auf Wunsch meines Sohnes zum Gitarrenunterricht mitnahm: »Ich bin nicht in der Schule gewesen. Der Arzt hat gesagt, dass ich drei Tage zu Hause bleiben solle.« »Was hast du denn?«, fragte ich. »Das habe ich nicht verstanden. Ich war allein beim Arzt. Meine Mutter arbeitet ja.«

Man kann Kinder an viel gewöhnen, viele werden auch nicht klagen. Aber wir sollten wachsam sein, wann unsere Kinder uns wirklich brauchen.

Ich kann mich noch gut an eine Situation erinnern. Ich traf mich mit mehreren Personen, um eine Veranstaltung vorzubereiten, als mein Handy vibrierte. Mein jüngster Sohn war am Telefon: »Mama, mir geht es nicht gut. Mir ist so schlecht.« »Soll ich nach Hause kommen?« »Ja, bitte.« Ich spürte, dass es ernst war, entschuldigte mich bei den anderen und fuhr die 15 Minuten nach Hause. Er lag weiß wie die Wand in seinem Zimmer. Als er mich sah, richtete er sich auf und meinte: »Ich muss, glaub ich, brechen.« Ich begleitete ihn zur Toilette und schon kam es schwallartig aus ihm heraus. Wie gut, dass ich sofort gefahren war.

Schenke mir gute Erinnerungen

Was verbinden Kinder mit ihren Eltern, wenn sie an sie denken? Gibt es gute Erinnerungen? Abenteuerspaziergänge, Zoobesuche, Tagesausflüge?

... mit einem Hobby

Kinder freuen sich, wenn sich Erwachsene Zeit nehmen, um mit ihnen etwas Außergewöhnliches zu unternehmen. Auch zu Hause kann man kreative Dinge machen.

Ich kenne einen Vater, der mit seinem Sohn zusammen eine Seifenkiste gebaut hat. Aus dem einen Mal wurde ein Hobby. Jedes Jahr gibt es vor Ort ein Seifenkistenrennen von einem kleinen Berg herab. Was für eine Freude und Aufregung, wenn dieser Tag wieder näher rückt. Im letzten Jahr hat der Sohn den Wettbewerb gewonnen. Vater und Sohn waren sich einig: Wir bauen weiter.

... mit Ausflügen

Ausflüge müssen nicht teuer sein. Haben Sie schon einmal eine Nachtwanderung mit Ihrem Kind gemacht? Wann sind Sie zuletzt gemeinsam essen gegangen? Kennen Ihre Kinder Theaterbesuche, Ausflüge zu Musicalaufführungen oder Konzerten? Wie verbringen Sie die Ferien der Kinder? Wie wär's mit einer Fahrradtour? Man könnte verschiedene Etappen machen, damit es nicht zu anstrengend wird, bei Freunden oder Großeltern im Garten im Zelt übernachten oder auch bei Bauern fragen, die vielleicht auch eine Möglichkeit anbieten. Wer nicht so viel mitnehmen will, kann auch in Jugendherbergen unterkommen. Meistens muss man sich nur beim ersten Mal überwinden. Mein Mann hat viele Touren mit den Kindern unternommen. Wäre doch schön, wenn man sich dann später trifft und mit den Worten anfängt: »Weißt du noch, als...«

... mit Tagebüchern

Wir Menschen sind leider sehr vergesslich, deshalb ist es wichtig, die Episoden, Eskapaden, lustigen Aussprüche, Situationskomiken festzuhalten. Ich habe für jedes Kind ein Tagebuch angelegt und anfangs so alle zwei bis drei Wochen und im weiteren Verlauf des Lebens alle ein bis zwei Monate etwas hineingeschrieben. Der erste Zahn, das erste Drehen, das erste Laufen wird mit Datum festgehalten, weil auch Mütter das später nicht mehr genau wissen. Lustige Aussprüche wie »Lingeling« für Schmetterling, »Rumrum« für Weihnachtspyramide finden sich genauso darin, wie erste Sätze oder witzige Aussprüche. Spätestens zum 18. Geburtstag stelle ich dann mit Hilfe des Buches ein Potpourri über das Leben des Kindes zusammen und gebe es zum Besten. Wie schön, wenn man dann zusammen lachen kann.

Nachfolgend einige Kostproben aus den Büchern unserer Kinder (mit ihrer Erlaubnis!). Vielleicht kommen Sie ja auf den Geschmack.

Einer meiner Söhne meinte einmal: »Mama, heute ist Mitgliederversammlung im Segelklub, da kannst du leider nicht mit.« »Wieso denn nicht?«, frage ich zurück. »Aber, Mama, du hast doch kein Glied.«

Ein anderer fragte mich: »Mama, beim Rülpsen muss ich die Hand vor den Mund nehmen, muss ich beim Pupsen die Hand vor den Po tun?«

Oder im Aquarium beim Anblick eines Geldautomaten: »Mama, wirf bitte Geld darein, dann schwimmen die Fische schneller.« (Leider bewirkte der Einwurf eines Geldstückes nur die Beleuchtung des Beckens.)

Im Zoo erkläre ich, dass der Pfau ein Rad schlägt. Daraufhin mein Sprössling: »Guck mal, viele Radgeber, Mama.«

Es ist einfach zu schade, wenn diese wunderbaren Aussprüche alle verloren gehen. Fangen Sie am besten heute noch an, so ein Tage- oder besser Wochen- oder Monatsbuch zu schreiben. Es ist nie zu spät, diesen Vorsatz umzusetzen. Ihre Kinder werden es Ihnen danken – wenn nicht heute, dann doch später.

... mit Fotoalben

Alle wichtigen Abschnitte im Leben der Kinder halte ich zusätzlich in Fotoalben fest. Auch da hat jedes Kind seine eigenen Bücher, die es beim Auszug mitnehmen kann. Oft finde ich die Kinder, wie sie zusammen ihre Alben anschauen, erzählen, Erinnerungen auffrischen oder auch schon mal ausrufen: »Das weiß ich ja gar nicht mehr.« Oder: »Mama, wie konntest du mir so eine Frisur schneiden?« Oder: »Wie konntest du mich mit so unmöglichen Klamotten herumlaufen lassen?« Auch wenn Besuch kommt, werden gerne Fotos betrachtet. Vielleicht denken Sie jetzt, dass das im Digitalzeitalter altmodisch sei, aber noch gestern sagte mein 23-jähriger Sohn: »Wie gut, dass du immer noch Fotos abziehst und einklebst.«

Lehre mich Individualität und Familiensinn

Es ist nicht einfach, die Bedürfnisse des einzelnen und der Familie ernst zu nehmen. Oft konkurrieren sie miteinander. Man möchte gerne ein Fußballspiel anschauen, aber die Großeltern kommen zu Besuch. Die Familie geht ins Kino und mein Freund hat Geburtstag. Meine Eltern laden alle zum Essen ein, aber ich schreibe am nächsten Tag eine Englischarbeit. Papa hat eine Fortbildungsveranstaltung, obwohl mein erster Schultag ist.

Wir haben einen Garten, der regelmäßig gepflegt sein will, auch wenn die Kinder meinen, dass die Grünflächen nur zum Fußballspielen da seien. So hieß es alle vier Wochen: Arbeitseinsatz. Jeder arbeite vier Stunden. Von Unkraut jäten, Holz klein hacken, schreddern, Bäume fällen bis Rasenmähen war alles dabei. Große Diskussionen gab es immer, wenn dann einer ein Handballspiel oder eine Geburtstagseinladung vorzuweisen hatte und deshalb ausfiel. Da Kinder ein ausgeprägtes Gerechtigkeitsempfinden haben, besonders wenn es um die Arbeit geht, wurde das nicht anwesende Kind dann verpflichtet, seine Stunden unter der Woche nachzuholen.

Wann darf der Einzelne seine Bedürfnisse behaupten? Wann muss ich als Einzelner meine Bedürfnisse hinter die Wünsche der Familie stellen? Es kann auch schwierig sein für alle etwas zu finden, was sie gerne zusammen machen. Besonders wenn die Altersspannen der Kinder weit auseinander liegen, kann es zu richtigen Kämpfen kommen. Oft sagen Kinder auch, dass sie keine Lust auf gemeinsame Ausflüge haben. Wir haben eine Gratwanderung versucht. Mal haben wir die elterlichen Muskeln spielen lassen und angeordnet: »Egal ob Lust oder keine, du gehst mit, wir können dich nicht alleine lassen.« Meistens stellten die Kinder dann später fest, dass der Ausflug doch nicht so doof war und es cool war, etwas als ganze Familie zu unternehmen. Manchmal haben wir dem Kind auch in Aussicht gestellt, das nächste Mal nicht mitgehen zu müssen. Auch an Spieleabenden gab es regelmäßig lange Gesichter. Einer boykottierte immer. Schließlich haben wir reihum entscheiden lassen oder wir haben demokratisch abgestimmt, für welches Spiel die meisten waren. Machen Sie sich frei von dem Anspruch, immer das Richtige zu tun. Sie werden es nicht schaffen, auch nur annäherungsweise gerecht zu sein. Am besten geben Sie dies auch gleich Ihren Kindern gegenüber zu.

Nach dem Gottesdienst laden wir ein Ehepaar mit zwei Kindern zu uns nach Hause ein. Ein Kind ruft: »Darf ich bei der Familie mitfahren?« Ich sage: »Ja, beeile dich, sonst sind sie schon weg.«

Wie im Chor rufen alle anderen sechs Kinder: »Das ist ungerecht. Wir wollen auch mitfahren.« Ich mache den Motor noch mal aus, drehe mich um und sage: »Dann bin ich jetzt ungerecht.« Totale Verwunderung. Was, Mama gibt zu, dass sie ungerecht ist? Ich schaue in lauter verdutzte Gesichter. Dann ergänze ich: »Soll der Einzelne nicht mal etwas Besonderes haben? Das nächste Mal ist ein anderer dran. Sonst darf ja keiner mehr alleine weg, wenn wir keinem etwas gönnen.«

Ist es möglich, zu einer Familie zu Besuch zu kommen und nur einem Kind etwas zu schenken?

Die Patentante von Daniel kommt zu Besuch und bringt nur ihm ein Memoryspiel mit. Als sie alle seine Geschwister sieht, fühlt sie

Eltern sollten immer den Einzelnen und das Wohl der Familie im Blick haben.

sich auf einmal ganz schlecht. Hätte sie den anderen nicht wenigstens Süßigkeiten mitbringen können? Sie ist total überrascht, als die Kinder nicht murren und fragen: »Warum hast du nur Daniel etwas mitgebracht?« Abends sagt sie den Kindern, dass sie das total beeindruckt habe. Die Antwort lautete: »Du bist doch nur Daniels Patentante und außerdem haben wir doch auch etwas davon, denn Daniel wird bestimmt nicht alleine Memory spielen wollen.«

Es ist eine große Herausforderung, Kinder dahin zu erziehen, dass sie anderen etwas gönnen. Wie viele Tränen sind vorher an Kindergeburtstagen geflossen, weil nur das Geburtstagskind etwas bekam und der Satz: »Ich auch« wenig Resonanz brachte. Eltern sollten sich überlegen, was das Ziel ist, wenn Kinder zum Geburtstag des Geschwisterkindes auch immer etwas bekommen. Oder zur Einschulung wenigstens eine kleine Tüte?

Wenn Kinder aus Großfamilien irgendwo zu Besuch sind, fallen sie oft dadurch auf, dass sie fragen: »Darf ich ein halbes Käse- oder Mohnbrötchen nehmen?« Erstens überrascht die Frage: »Darf ich?« und zweitens »Ein halbes?«

Betrügen wir unsere Kinder nicht um das Erlernen der Fähigkeit, dem anderen etwas zu gönnen!

Warum fragen sie? Käse- und Mohnbrötchen sind teuer. Meistens gibt es nur einmal die Woche normale Brötchen und besondere Brötchen werden geteilt.

Ein Junge kam einmal zu Besuch und erzählte: »Meine Mutter hat gestern eine 10er-Packung mit Minieis gekauft. Ich habe sie alle nacheinander gegessen. Mein Bruder hat jetzt keine.«

Wie vermitteln wir unseren Kindern, dass sie nicht immer der Mittelpunkt der Erde sind? Gibt es bei Ihnen Familienregeln? Eine könnte lauten: »Jeder darf pro Tag einen Joghurt nehmen, ohne zu fragen.«

Lehre mich gleich und doch anders zu sein

Uns hat auch das Wissen um das Gleichheits- und Gabenprinzip geholfen, nicht sklavisch daran festzuhalten, dass alle Kinder das Gleiche bekommen müssen.

Das Ampelprinzip

Alle Menschen sind gleich: gleich wichtig und gleich wertvoll. Alle Kinder bekommen zu essen, etwas anzuziehen, eine Schul- und Berufsausbildung. Dazu können wir Eltern sogar verpflichtet werden. Das Gleichheitsprinzip könnte man auch Ampelprinzip nennen. An einer roten Ampel muss jeder halten, egal ob man mit einem Porsche oder einem Fahrrad vorfährt, egal ob man der Bundespräsident oder ein Kindergartenkind ist. Auch Übertretungen werden bei jedem gleich geahndet, egal ob man der Verkehrsminister ist, der mit 109 km/h durch eine geschlossene Ortschaft brettert oder Otto Normalverbraucher. Beide werden ihren Führerschein verlieren, eine Strafe bezahlen und Punkte in Flensburg bekommen. Jeder Mensch sehnt sich nach dieser Art von Gerechtigkeit. Besonders Kinder haben ganz feine Antennen, wenn wir Eltern ungerecht sind.

Sind Sie auch schon einmal mit folgenden Anklagen konfrontiert worden? Als ich zehn war, musste ich um acht Uhr im Bett sein und Carolin darf schon bis halb neun aufbleiben. Ich bekam erst ein großes Bett, als ich fünf war, warum erhält Thomas schon mit drei ein großes Bett? Mit Maja bist du zu Oma und Opa schon mal alleine mit dem Zug gefahren – wenn ich dabei bin, fahren wir immer als Familie im Auto.

Für manche erscheinen diese Kämpfe lächerlich, aber sie spiegeln das tiefe Bedürfnis von uns Menschen wider, in unserem Wunsch nach Gleichheit ernst genommen zu werden.

Das Schatzkistenprinzip

Alle Menschen sind verschieden. Jeder Mensch ist anders, hat andere Bedürfnisse, Wünsche und Sehnsüchte. Jeder ist eine Schatzkiste, aber mit unterschiedlichen Gaben und Fähigkeiten. Das Gabenprinzip versucht, uns das ins Gedächtnis zu rufen.

Für den handwerklich Geschickten könnte es bedeuten, dass Eltern Bastelkurse im Modellflugzeugbau fördern, einen Werkzeugkasten schenken, ihn in der eigenen Werkstatt mitarbeiten lassen. Der Sprachbegabte dagegen bekommt Unterstützung für eine Reise ins Ausland, um die Fremdsprache zu üben. Kann es sein, dass der Musikalische zwei Instrumente lernen darf und der sportlich Begabte keines? Oder sind wir so gefangen im Gerechtigkeitsdenken, dass jedes Kind ein Instrument lernen und einen Sport ausüben muss? Dann hieße es: »Gleiches Recht für alle.« Ich bezweifle jedoch, dass wir unseren Kindern damit gerecht werden. Helfen Sie Ihren Kindern, einzigartig zu werden, Individuen, eigene Persönlichkeiten. Nur wenn sie erkennen, was sie gut können, welche Gaben und Schwächen sie haben, was sie unterscheidet und dass es gewollt ist, dass sie anders sind, werden sie Menschen mit Rückgrat werden, die auch bereit sind, gegen den Strom zu schwimmen. Ungerechtigkeit in der Kindererziehung in diesem Sinne ist willkommen – so schwer das für den ein oder anderen ist.

Einem Menschen gerecht werden, könnte heißen, ihn seinem Weg entsprechend zu erziehen.

Menschen sind dann am glücklichsten und am erfolgreichsten, wenn sie das tun dürfen, was sie gut können.

Muss denn jedes Kind mit spätestens einem Jahr laufen können, einen Mittagsschlaf machen und mit drei Jahren frische Champignons essen? Muss denn jedes Kind für ein Jahr ins Ausland, Abitur machen und studieren? Menschen sind dann am glücklichsten und erfolgreichsten, wenn sie das tun dürfen, was sie gut können. Entdecken Sie die Gaben Ihres Kindes!

Behandle mich wie ein Kind

Viele Erwachsene behandeln Kinder wie kleine Erwachsene. Sie haben wenig Verständnis für die Entwicklung von Kindern, für das, was Kinder können und können müssten. Sie setzen viel zu viel voraus. Besonders Kinder, die als Einzelkinder groß werden, sind davon betroffen, weil sie fast ausschließlich von Erwachsenen umgeben sind und somit auch massiv von ihnen geprägt werden. Erwachsene haben leider oft vergessen, wie Kinder sind.

Ich bin ein Lernender

Manchmal muss ich mir immer wieder vor Augen führen, dass Kinder Kinder sind und keine kleinen Erwachsenen. Sie müssen noch nicht alles können. Sie sind mir zur Erziehung anvertraut und dürfen Fehler machen. Wenn unsere Kinder wieder einen Zornausbruch hatten, habe ich innerlich gesagt: »Ich bin froh, dass sie ihn zu Hause in meiner Gegenwart haben. Dann kann ich sie lehren, mit Wut angemessen umzugehen. Wie gut, wenn sie ihn nicht in der Schule haben.« Wenn sie ihr Zimmer trotz mehrmaliger Aufforderungen nicht aufräumen, habe ich mir angewöhnt, mich einfach nur ins Zimmer auf die Couch zu setzen und zu sagen: »Ich gehe erst weg, wenn du aufgeräumt hast. Du fängst jetzt am Schreibtisch an und hörst am Bett auf.« Das löste reinste Wunder aus. Meine bloße Anwesenheit bewirkte ein gezieltes Aufräumen. Neulich versuchte ich es noch einmal bei einem der 16-Jährigen, als mir das Chaos zu groß erschien. Er schaute mich an und sagte: »Ich hasse es, wenn du da sitzt und nichts tust. Macht es dir eigentlich Spaß? Hast du nichts Besseres zu tun?« Die Alternative, Kinder zum Aufräumen und Putzen ihres Zimmers zu bringen, ist eine Abmachung: »Du gehst nur zu einem Freund, wenn dein Zimmer aufgeräumt ist und ich es vorher begutachtet habe. Versuche nicht die Methode, alles unters Bett oder in den Kleiderschrank zu schieben. Das funktioniert nicht.«

Ich bin ein Sich-zu-Hause-Fühlender

Den ganzen Tag muss man sich zusammennehmen, gute Miene zum bösen Spiel machen, sich bedanken und ordentlich benehmen.
Da tut es gut, wenn man zu Hause auch mal

- sich nicht gut benehmen muss,
- mal fünfe gerade sein lassen darf,
- die Seele baumeln lässt und
- Unordnung verbreiten darf,
- keine Lust haben darf – nicht immer, aber manchmal.

Unsere Söhne bekommen ab und zu mal einen Gutschein, auf dem steht: »Ich übernehme deinen Küchendienst oder putze euer Badezimmer.« Wie gut tut das, wenn man mal keine Kraft mehr hat oder eine Klausur schreibt und einfach einen Gutschein einlösen kann.

Beschütze mich

... vor Albträumen

Manchmal kann man ganz erstaunliche Aussagen von Kindern erleben:

Der achtjährige Tim fragt: »*Warum hast du mich den Krimi von Agatha Christie schauen lassen. Jetzt habe ich Albträume.*« *Und Sonja beklagt sich bei ihrem Papa nach der Sendung über den Hund namens Beethoven:* »*Warum hast du mir erlaubt, den Film zu schauen? Jetzt tut mir der Hund so leid und ich bin ganz traurig.*«

Helfen Sie Ihren Kindern im Umgang mit den Medien. Verschaffen Sie sich einen Überblick über die Sendungen, die für Ihre Kinder geeignet sind. Schauen Sie zusammen fern und überlassen Sie nicht dem Fernseher die Aufgabe des Babysitters. Je nach Alter des Kindes haben wir uns immer bemüht, dass einer von uns mitschaut.

... vor der Medienflut

Unsere Bundesfamilienministerin Frau Ursula van der Leyen[13] empfahl kürzlich, in Kinderzimmern keine Fernseher und Computer zu installieren, unabhängig davon, wie alt Kinder und Jugendliche seien. Und die NRW-Schulministerin Barbara Sommer[14] sagte, dass sie Eltern ermutigen möchte, Grenzen zum Wohl des Kindes zu setzen und Kinder unter zehn Jahren ohne Begleitung Erwachsener nie im Internet alleine surfen zu lassen.

Viele Eltern können ein Lied davon singen, wie schwer es ist, die Computer- und Fernsehzeit zu kontrollieren, wenn jeder medientechnisch so gut ausgestattet ist.

Im Februar 2008 führte das KFN[15] (Kriminologisches Forschungs-institut Niedersachsen) in Hannover eine Studie mit dem Titel »Die Pisa-Verlierer – Opfer des Medienkonsums« durch. In der Studie beklagen die Wissenschaftler den täglichen zweistündigen Medienkonsum der Viertklässler und weisen einen klaren Zusammenhang zwischen Zeitdauer am Computer und Fernseher und den Leistungen in der Schule auf. Christian Pfeiffer, der Direktor des KFN, wird wie folgt zitiert: »Ungehemmter und unkontrollierter Medienkonsum macht Kinder dick, krank und aggressiv.« *Je mehr Zeit Kinder mit Medien verbrächten, desto schlechtere Noten hätten sie in der Schule. Es wurden 17 000 Kinder kontinuierlich untersucht. Die Untersuchung bestätigt die Inhalte des 1983 geschriebenen Buches des US-Amerikaners Neil Postman* ›Das Verschwinden der Kindheit‹, *der schon damals forderte:* »Begrenzt den Zugang der Jugendlichen zu den Medien. Um ihnen eine behütete Kindheit zu sichern, müssen sie vor der Bilderflut des Fernsehers geschützt werden.«

Welcher Erzieher hat noch den Überblick? Selbst in der Schule werden Kinder immer wieder im Informatikunterricht oder am Bibliothekscomputer dabei erwischt, im Internet zu surfen, sich bei »YouTube« Videos herunterzuladen oder auf Seiten zu gehen, die mit dem Unterricht nichts zu tun haben. Wie gut, wenn sich Eltern technisch so gut auskennen, die Computerzeiten durch Spezialprogramme zu beschränken und aufrufbare Internetseiten festzulegen. Wir sollten den Kampf nicht aufgeben und unseren Kindern den richtigen Umgang mit Medien vermitteln.

... vor Vergiftungen

Lassen Sie sich neu ansprechen von dem Satz: »Schütze mich.«

»Für die meisten Eltern ist die sichere Verwahrung von Medikamenten und Putzmitteln im Haushalt selbstverständlich. Doch 200 000 Vergiftungsfällen von Kleinkindern, von denen 15 000 im Krankenhaus enden, zeugen davon, welches Geschick der Nachwuchs entwickelt, um bunte Schachteln und Flaschen zu öffnen«, schreibt Wolfgang Schubert[16] in seinem Zeitungsbericht »Gefährlich für Kinder«. *Besonders gefährdet seien Kinder unter vier Jahren, die noch nichts über ätzende und reizen-*

79

de Inhaltsstoffe wissen könnten. Auch in Kosmetika, Grillanzündern, Unkrautvernichtern und Autopolituren können Gefahren lauern. Sollte Verdacht auf einen Vergiftungsunfall bestehen, solle man die Verpackung sicherstellen und mit zum Arzt nehmen. Es wird davor gewarnt, das Kind selbst durch Trinken von Salzwasser zum Erbrechen zu bringen. Das geschehe lieber unter Aufsicht eines Arztes. Allerdings wird empfohlen Wasser, Tee und Saft trinken zu lassen.

... vor Unfällen

Ich kenne kaum ein Elternpaar, das nicht wenigstens bei einem Kind schon mal erlebt hat, dass es von einer Wickelkommode oder aus dem Bett gerollt ist. Jeder weiß, dass das geschehen kann. Jeder hat Angst davor. Jeder denkt: »Das kann mir nicht passieren. Ich passe auf.« Und dann kommt der Augenblick.

Angela erzählt: »Ich war mit Moritz im Badezimmer. Ich wollte ihn wickeln, hatte gerade die Windel ausgezogen. Wir lachten miteinander. Da klingelte das Telefon. Ich wollte nur eben sagen, dass ich später anrufen werde. Moritz hatte sich bis zu diesem Tag noch nicht gedreht. Plötzlich hörte ich einen Knall und dann dieses herzzerreißende Weinen. Ich ließ den Telefonhörer aus der Hand fallen und stürzte ins Badezimmer. Da lag er weinend mit dem Gesicht auf dem Steinboden. Wie konnte das nur geschehen? Die Tränen liefen mir die Wangen herunter, ich nahm ihn auf den Arm und versuchte ihn zu trösten. Ich machte mir Vorwürfe, sah mich schon wegen grober Fahrlässigkeit und Verletzung der Aufsichtspflicht mit einem Bein im Gefängnis und wagte es abends kaum Peter, meinem Mann, davon zu erzählen. Ich rief sofort in der Kinderarztpraxis an, bekam einen Termin und war überglücklich, als der Arzt dann Entwarnung gab.«

... vor Dingen, die zwar Spaß machen, aber ...

Auch später kann es noch passieren, dass Kinder den Weitblick der Eltern brauchen. Da sagt der zehnjährige Tobias zu seinem Vater: »Warum hast du mich vom Dreimeterbrett springen lassen? Jetzt tut mir der ganze Bauch weh. Wusstest du nicht, dass das gefährlich ist?« Und die zwölfjährige Sophie weint: »Warum hast du mich auf diese Achterbahn gelassen? Jetzt ist mir schlecht und ich habe Kopfschmerzen.«

Manchmal müssen wir auch Dinge verbieten, die Spaß machen, aber die zum jetzigen Zeitpunkt noch nicht geeignet sind.

Mach mich gesund

»Warum sind Kinder eigentlich so häufig krank?« Diese Frage beantwortet der Kinderarzt Tim Niehues[17] im Zeitungsartikel »Viren-Ping-pong in der Familie« wie folgt: »In den ersten zehn Lebensjahren macht jedes Kind mindestens drei Erkältungskrankheiten pro Jahr durch. Im ersten und zweiten Lebensjahr sind es sogar fünf bis sechs. Anatomisch haben Säuglinge und Kleinkinder Atemwege, die den Durchmesser von Spaghetti haben. Bei der kleinsten Entzündung der Schleimhaut entsteht bei Kindern Atemnot. Da reicht schon das Einatmen von Zigarettenrauch in der Wohnung. Hinzu kommt eine Unreife des Immunsystems, das noch nicht so schnell reagiert. Wenn Kinder in Schule und Kindergarten auf engem Raum zusammen sind, raufen, rennen und prusten, dann vermehren sich die Viren. Kinder bringen die Viren mit nach Hause und da sich niemand nach der Berührung und bei engem Körperkontakt die Hände wäscht, werden leicht alle anderen in der Familie auch angesteckt.«

Mit jeder Infektion lernt das Immunsystem des Kindes und je älter es ist, desto besser ist die Abwehr.

Wenn Kinder krank sind, kann man sie verwöhnen, ohne das andere Kinder das für ungerecht halten.

Eins meiner Kinder beantwortete mal die Frage: »Wann fühlst du dich von mir am meisten geliebt?« folgendermaßen: »Wenn ich krank bin und du mir einen frisch gepressten Orangensaft machst.«

Nutzen Sie die Krankheitszeit als intensive Eltern-Kind-Zeit.

Kinder scheinen immer dann krank zu werden, wenn Mama und Papa etwas vorhaben. Gerade rechtzeitig zu Ferienbeginn bricht sich der Sohnemann den rechten Arm. Kurz vor dem sechzigsten Geburtstag der Oma machen sich die Windpocken breit und am Hochzeitstag übergibt sich Marie mehrmals und weint: »Bitte nicht weggehen.« Wie oft schon haben uns Krankheiten einen Strich durch die Rechnung gemacht. Läuse nicht zu vergessen, die sich ungebeten in unser Haus und die Haare unserer Kinder schleichen und uns eine Menge Arbeit bescheren. Kaum eine Mutter, die nicht beim Verdacht auf Nissen und Läusen in Panik verfällt und um Erbarmen fleht.

Eines meiner peinlichsten Erlebnisse geschah an einem Mittwochmorgen, 10.30 Uhr. Ich putzte gerade die Fenster, als es an der Tür klingelte. Ich machte die Tür auf und sah in die Augen der Kindergartenleiterin. Weiter unten sah ich meine drei Kindergartenkinder. Alles Blut schoss mir ins Gesicht. Sie schob die Kinder fast lautlos ins Haus und meinte nur: »Sie haben alle Läuse, Frau Horn.« Ich wäre am liebsten in den Erdboden versunken. Sie ging gleich wieder, musste zurück zur Arbeit – und ich musste mich erst einmal wieder sammeln. Das war das erste Mal und es sollten noch einige Male folgen, wenn es wieder hieß: »Läusealarm!«

Aber auch das überlebt man. Wie gut, wenn man über die vielen Berge von Wäsche, die eingetüteten und in die Gefriertruhe gesteckten Plüschtiere, die eventuell kurz geschnittenen Haare, die Haarkuren mit Antiläusemittel und die täglichen Untersuchungen auf Nissen und Läuse lachen kann.

Binde mich

Bindung geht Bildung voraus

Jürgen Liminsky[18] schreibt in seinem Artikel »Bindung vor Bildung«, dass die Hirn- und Bindungsforschung uns lehre, dass Gefühle laut dem Entwicklungspsychologen und Kinderarzt Stanley Greenspan die »Architekten des Gehirns« seien. Durch eine freundlich-zärtliche Zuwendung würde das Gehirn wachsen und neuronale Verschaltungen gefördert werden. Die Voraussetzung für Bildung würde in den ersten drei Lebensjahren gelegt. Es ginge dabei nicht um das Anhäu-

fen von Wissen, sondern um den Erwerb von Grundkompetenzen.
»Zuwendung und Zärtlichkeit schaffen emotionale Stabilität und
damit die Grundvoraussetzung, dass das Kind später überhaupt ler-
nen kann, dass es teamfähig ist, dass es sich konzentrieren und mit
Ausdauer beschäftigen kann, dass es innovativ ist und so später als
Ingenieur den deutschen Transport mit anschieben ... und Staat und
Gesellschaft menschlich mitgestalten kann.
Bindung geht Bildung voraus«, so Limins-   Bindung geht Bildung voraus.
ky. Das sei Teil der Voraussetzungen, die
der Staat nicht schaffen könne, von denen er aber lebe. Diese Voraus-
setzungen würden vor allem Mütter schaffen. Sie und ihre (Bin-
dungs-)Leistung gelte es zu entdecken – und zu fördern.

Bindung durch Stillen

Ich durfte fünfmal die unglaublichen Vorteile des Stillens erleben
und ich habe mich jedes Mal wieder neu darauf gefreut, wenn ich
wieder schwanger wurde. Dieses Geschenk, ein Mittel zu haben,
was Babys emotionale Geborgenheit gibt, sie immer wieder mit
der Mutter vereint, sollte wieder viel mehr betont werden. Egal,
was der Grund fürs Schreien ist, das Baby beruhigt sich und wird
still, wenn es gestillt wird. Wie genau drückt doch unsere deutsche
Sprache diesen Vorgang aus. Diese Erfahrung hat mich immer wieder neu überwältigt. Zudem auch diese Innigkeit zwischen Mutter
und Kind, die dadurch entsteht. Diese gegenseitige Abhängigkeit,
diese Einmaligkeit der Beziehung. Das Kind lernt gebunden zu
sein, es wird bindungsfähig und dadurch beziehungsfähig. Wenn
ich mich als Mutter dazu entschlossen habe zu stillen, willige ich
dazu ein, dass ich die alleinige Aufgabe des Fütterns übernehme.
Ich bin unabkömmlich, muss das Kind meistens überall mit hin-
nehmen und kann es höchsten für drei Stunden in der Obhut eines
anderen Menschen lassen. Genau diese Tatsache bringt Mütter
dazu, nicht zu stillen. Aber ist das nicht eine Berufung, die auf uns
Müttern liegt? Hinzu kommen die vielen anderen positiven Eigenschaften, die Stillen hat: Immunschutz und Schutz vor Allergien.
Muttermilch ist immer optimal temperiert, sodass sich das Kind

nicht an zu heißer Fläschchennahrung verbrühen kann. Muttermilch ist immer sofort »lieferbar«, ohne noch lange zubereitet zu
werden. Flaschen müssen gereinigt und ausgekocht werden. Man
muss sich nicht erkundigen, welche Nahrung die Richtige ist. Man
kann nicht überfüttern und braucht sich um den Stuhlgang keine
Gedanken zu machen. Wiegen nicht diese Vorteile die Nachteile
auf? Ich habe auch eine Entzündung der Brust gehabt, Schmerzen,
weil mein Kind zu fest zugebissen hat, Ränder unter den Augen
wegen Schlafmangels, gespannte Brüste, weil zu viel Milch pro-
duziert wurde. Trotzdem würde ich es jederzeit wieder tun. Der
obige Artikel bestärkt mich, dass ich auch meiner Tochter und
meinen Schwiegertöchtern Mut machen möchte, das Natürlichste
der Welt zu machen, wenn man ein Baby entbunden hat: stillen.
Vielleicht sind Sie jetzt traurig, weil Sie nicht stillen konnten oder
sich bewusst dagegen entschieden hatten. Meine Mutter konnte
mich auch nicht stillen. Natürlich kann man auch mit Flaschen-
nahrung ein bindungsfähiger Mensch werden.

Bindung durch klare Bezugspersonen

Wir sollten uns vor Augen führen, dass Kinder Bezugspersonen
brauchen und es ihnen nicht guttut, von einem zum anderen
geschoben zu werden. Babys können sich nicht wehren.

*Ulrike ist die Erstgeborene. Ihre Mutter Inge war gerade im Refe-
rendariat, als sich Ulrike anmeldete. So suchte sich Inge eine Pflege-
mutter, die ins Haus kam und morgens auf Ulrike aufpasste, denn sie
wollte gerne ihre Ausbildung zur Englisch- und Französischlehrerin
abschließen. Auch ihr Mann Udo half nachmittags oft aus, wenn
Inge Konferenzen hatte oder sich auf den Unterricht vorbereitete. In
den Augen der Eltern lief alles optimal. Die Kinderfrau war lieb und
kam gut mit Ulrike zurecht. Gegen 10.00 Uhr brachte sie Ulrike sogar
zum Stillen in die Schule. Zwei Jahre nach Ulrikes Geburt wurde
Bernhard geboren. Eines Tages treffen Inge, Ulrike und Bernhard bei
einem Spaziergang die Nachbarin. Sie erkundigt sich nach allen und
fragt dann, fast nebenbei: »Und, Frau Mahler, wann gehen Sie denn
wieder arbeiten?« »Nicht wieder arbeiten gehen«, fleht Ulrike sofort*

und schaut ihre Mama mit großen Augen an. »Soll ich nicht wieder in der Schule unterrichten?«, fragt Inge ihre Tochter. »Nein, bitte nicht, Mama«, sagt Ulrike ganz flehentlich, wenn auch unsicher.

Kinder bekommen viel mehr mit, als wir ahnen. Nur weil sie nicht sprechen können, heißt das nicht, dass sie nicht fühlen, denken und ihre Entscheidungen treffen können. Kinder sind uns nur für eine gewisse Zeit anvertraut. Wir sollten diese Zeit genießen und den Kindern helfen, eine gute Basis für ihr späteres Leben zu finden.

Der Arzt und Kabarettist Eckart von Hirschhausen wurde anlässlich der Neuerscheinung seines Buches: »Glück kommt selten allein« von Andreas Gröhbühl[19] gefragt, Glück beinhaltet Bindung, Engagement und einen Sinn im Engagement zu sehen.

wie man glücklich würde. Seine Antwort lautete: »Indem Sie auf drei Dinge achten in Ihrem Leben. Das erste ist Bindung. Das zweite ist, sich zu engagieren. Das dritte ist, einen Sinn darin zu sehen.«

Lass mich los

... bei der Geburt

Vom ersten Tag der Geburt an erleben wir den schmerzhaften Prozess der Loslösung. Bindung und Lösung scheint sich zu widersprechen. Und doch erlebt der Mensch beides und muss beides erleben, um sich weiterentwickeln zu können. Die Geburt ist die erste Trennung von der Mutter und damit von dieser totalen Geborgenheit. Der Mensch muss den »Ort der Barmherzigkeit«, wie die Gebärmutter auf hebräisch heißen soll, verlassen und sich in einer neuen, zunächst fremden Welt zurechtfinden lernen.

... in Kindergarten und Schule

Binden und Lösen scheint nun ein wiederkehrender Prozess zu sein, durch den der Mensch lernt, selbstständig und damit unabhängig zu werden.

Sich von der Mutter für kurze Zeit zu trennen und zu erleben, dass sie nicht für immer weg ist, sondern wiederkommt, ist eine wichtige Erfahrung. Normalerweise lösen sich Kinder, die rund um die Uhr von der Mutter betreut werden, ab dem zweiten Lebensjahr leichter von der Mutter und können bei Verwandten und Freunden auch längere Zeit gut sein. Zur Nacht hin wollen sie aber gerne wieder unter Mutters Fittiche kriechen. So lernen sie, sich anfangs stundenweise bis zur ersten Übernachtung vielleicht im Kindergarten und den Klassenfahrten in der Schule immer länger von zu Hause zu lösen. Manche Kinder scheinen gar kein Heimweh zu kennen. Aber doch merken die Eltern, dass die Kinder längere Kuscheleinheiten brauchen, wenn sie wieder zu Hause sind. Andere tun sich schwerer im Loslassen, klagen über Heimweh und werden manchmal auch krank.

> Durch Binden und Lösen wird der Mensch bindungsfähig und reif auf der einen und selbstständig und unabhängig auf der anderen Seite.

... in der Pubertät

In der Pubertät braucht der junge Mensch viel Energie, um sich von den Eltern loszureißen. Ohne diese Selbstzentriertheit und den Egoismus können sie den Schritt in die absolute Unabhängigkeit wahrscheinlich gar nicht leisten. Dieses Lösen ist aber notwendig, um erwachsen zu werden. Mir half diese Vorstellung immer sehr: Es ist für beide Seiten eine schmerzhafte Trennung und ich sollte mich freuen, wenn meine Kinder die Kraft in sich haben, sich von mir zu lösen.

> Wenn du ein Kind liebst, dann gib es frei. Kehrt es zurück, dann war es dein. Kehrt es nicht zurück, dann war es nie dein.

... in die Eigenverantwortung

Kinder in die Eigenverantwortung zu entlassen, ist ein wichtiger Schritt in der Kindererziehung.

Mich hat eine Überschrift im Internet über ein Interview[20] mit Stefan Knüppel, dem Leiter von »Opportunity International Deutschland« wachgerüttelt. Da steht: »Würde statt Almosen.« Stefan Knüppel vergibt Mikrokredite in Dritte-Welt-Länder für eine gute Geschäftsidee, eingebettet in sogenannte Trustbanks. Trustbanks sind Vertrauensgruppen, die eine Haftung übernehmen, wenn der für 130 Euro erstandene Gemüsestand der Frau doch nicht genug Gewinn abwirft oder die Kunden trotz der nun zur Verfügung stehenden Nähmaschine ausbleiben. Sie bestehen aus 15–20 Kreditnehmern. Sie haften und bürgen füreinander und verpflichten sich, das Geld dann als Gruppe zurückzuzahlen. Er wird zitiert: »Das ist kein Almosengeben, es bedeutet Eigenverantwortung, und das hat auch etwas mit Würde zu tun.« Er könne sich noch gut an sein erstes Auto erinnern, eine verrostete Kiste, mit dem ersten eigenen Geld bezahlt. Das gute Gefühl, in das eigene Auto eingestiegen zu sein, könne er jederzeit wieder hervorholen.

Es ist wichtiger, unsere Kinder fischen zu lehren, als ihnen Fische zu geben.

Eigenverantwortung hat mit Würde zu tun. Würde statt Almosen.

Was mir wichtig ist

Kinderbitten

- Habe Zeit für mich.
- Nimm mich ernst.
- Lass mir meine Geheimnisse.
- Sei vertrauenswürdig.
- Sei ehrlich.
- Sei an mir interessiert.
- Sei ein gutes Vorbild.
- Sei dankbar.
- Entschuldige dich auch einmal.
- Sei authentisch.
- Erziehe mich in Liebe und Konsequenz.
- Versuche meine Nöte zu verstehen.
- Versorge mich.
- Schenke mir gute Erinnerungen.
- Lass mir Individualität und Familiensinn.
- Lehre mich gleich und doch anders zu sein.
- Behandle mich wie ein Kind.
- Beschütze mich.
- Mach mich gesund.
- Binde mich.
- Lass mich los.

Welche Bitten sprechen Sie besonders an?

Meinen Sie, dass Ihre Kinder unterschiedliche Wünsche äußern würden?

Kapitel 3
Quo vadis?

Quo vadis? kommt aus dem Lateinischen und bedeutet »Wohin gehst du?« Durch den gleichnamigen Roman des polnischen Schriftstellers Henryk Sienkiewicz sowie die darauf basierende US-amerikanische Verfilmung aus dem Jahr 1951, ebenfalls mit dem Titel »Quo vadis?«, wurde der Ausdruck zu einer festen Redewendung.

Als wir noch Mitarbeiter in einer überkonfessionellen Familienarbeit waren, wurden wir in regelmäßigen Abständen aufgefordert, darüber nachzudenken, welche Ziele wir in einem, fünf und zehn Jahren erreichen wollten. Diese Aufforderung hat mich nie mehr losgelassen und ich habe mir diese Frage auch immer wieder in der Kindererziehung gestellt. Wie sähe Ihre Bestandsaufnahme zu folgenden Fragen aus: »Was können die Kinder schon? Was sollen sie noch lernen?«

> Wer nicht weiß, in welchen Hafen er will, für den ist kein Wind der richtige. – Seneca

Jeder Betrieb macht mindestens einmal im Jahr eine Inventur[21]. Eine Inventur ist laut Definition die Bestandsaufnahme aller vorhandenen Vermögenswerte und wird von *invenitur* = es wird gefunden (lateinisch) abgeleitet.

Wie würden Sie Ihr Erziehungsziel formulieren?

Unser Wunsch und Ziel ist es, dass unsere Kinder reife Persönlichkeiten werden. Dazu müssen wir in mehreren Bereichen investieren und an verschiedenen Baustellen arbeiten.

Wie wird man eine reife Persönlichkeit?

- Selbstwertgefühl entwickeln.
- Sich als Kind wertgeschätzt fühlen.
- Den Gefühlen Namen geben.

- Eigenanteile in Situationen wahrnehmen.
- Eigenverantwortung übernehmen.
- Freundschaften aufbauen lernen.
- Respekt vor anderen entwickeln.
- Autoritäten richtig einschätzen.

Selbstwertgefühl entwickeln

Ein gesundes Selbstwertgefühl zu entwickeln, ist ein Lebenspro-gramm, aber das Fundament legen die Eltern und andere Autori-tätspersonen wie Erzieherinnen und Lehrer. Ich denke immer gerne an die Geschichte vom kleinen Baumwollfaden.

Geschichte vom kleinen Baumwollfaden

Es war einmal ein kleiner Baumwollfaden. Er hatte Angst, dass er nicht ausreichte, so wie er war.

Er war zu schwach für ein Schiffstau, zu kurz für einen Pullover, zu schüchtern, um an andere anzuknüpfen und zu farblos für eine Stickerei. Er fühlte sich als Versager und verfiel in Selbstmitleid bis das Wachs an seine Tür klopfte und ihn aufmunterte: »Wir beide tun uns zusammen. Für eine lange Osterkerze bist du als Docht zu kurz und ich habe nicht genug Wachs.

Aber für ein Teelicht reicht es allemal.« Denn es ist besser ein klei-nes Licht anzuzünden, als immer über die Dunkelheit zu klagen.

Wie lehren wir uns und unsere Kinder, nicht immer darauf zu sehen, was sie *nicht* können, sondern dankbar dafür zu sein, was sie an Aussehen, Gaben und Fähigkeiten mitbekamen? Wir klagen oft und vergessen dabei, was unsere Kinder schon alles erreicht haben.

Unser 16-jähriger Sohn Marcel konfrontierte mich vor Kurzem mit der Aufforderung: »Könnt ihr nicht mal auf das sehen, was ihr schon alles in der Erziehung erreicht habt, als immer nur aufzulisten, was nicht gut klappt?« Gestern klopfte ich ihm auf die Schulter und erwähnte, dass ich diesen Satz in mein neues Buch mit aufnehmen würde. »Das lass ich mir von dir sagen. Ich will dankbar sein für das, was du schon alles kannst und machst.« Sein Strahlen als Antwort auf meine Worte hätte ich gerne in einem Foto festgehalten.

Lehnen Sie den Leistungsdruck in der Erziehung ab. Das beginnt schon beim Krabbeln, Laufen und Sauberwerden der Kinder und setzt sich beim Schleifenbinden, Farbenerkennen und Lesenlernen fort, bis es endlich Noten gibt und wir damit gut vergleichen können, wer das intelligentere Kind hat. Es geht doch immer um schneller, früher und besser. Welches Kind läuft zuerst? Sie glauben gar nicht, welcher Konkurrenzkampf in Krabbelgruppen herrschen kann. Da kann es sogar so weit kommen, dass Mütter der Spätentwickler nicht mehr teilnehmen wollen.

Lassen Sie sich nicht unter Leistungsdruck bringen.

Gibt es nicht genauso viele oder sogar noch mehr Gaben, die man nicht messen kann? Zunehmend kann man von emotionaler Intelligenz lesen, die auch sehr wichtig ist.

Emotionale Intelligenz wertschätzen

Der Begriff der »Emotionalen Intelligenz«[22] wurde 1990 durch Salovey und Mayer eingeführt und ist ein Sammelbegriff für Persönlichkeitseigenschaften und Fähigkeiten, die den Umgang mit eigenen und fremden Gefühlen betreffen. 1996 wurde der Begriff der ›Emotionalen Intelligenz‹ durch das gleichnamige Buch des amerikanischen Psychologen Daniel Goleman populär. Goleman sieht die emotionale Intelligenz als eine übergeordnete Fähigkeit an, von der es abhängt, wie gut Menschen ihre sonstigen Fähigkeiten, darunter auch den Verstand, zu nutzen verstehen. Nach Goleman setzt sich emotionale Intelligenz aus fünf Teilbereichen zusammen. Diese Fähigkeiten würden aufeinander aufbauen und von jedem biologisch gesunden Menschen in jedem Alter erlernt und/oder ausgebaut werden. Nicht das bloße Vorhandensein von Gefühlen, Emotionen, Stimmungen und Affekten, sondern der bewusste Umgang mit ihnen macht eine hohe emotionale Intelligenz aus. Darüber hinaus zählen hierzu Eigenschaften wie Vertrauenswürdigkeit und Innovationsfreude oder die Motivationsfähigkeit und das Vermögen, Gefühle und Bedürfnisse anderer wahrzunehmen. Dabei werden Fähigkeiten wie Teamführung,

Selbstvertrauen, die Fähigkeit, sich selbst und andere aufzubauen, sowie politisches Bewusstsein betrachtet.

Selbstbewusstheit

Unter Selbstbewusstheit versteht man die Fähigkeit eines Menschen, seine Stärken und Schwächen, Stimmungen, Gefühle und Bedürfnisse zu verstehen. Dazu gehört ebenso noch die Fähigkeit, deren Wirkung auf andere einzuschätzen.

Selbstmotivation

Selbstmotivation ist die Begeisterungsfähigkeit, sich selbst unabhängig von finanziellen Anreizen oder Status anfeuern zu können Arbeiten zu erledigen.

Selbststeuerung

Planvolles Handeln in Bezug auf Zeit und Ressourcen kommt in der Selbststeuerung zum Ausdruck.

Empathie

Empathie ist die Fähigkeit, sich in andere Menschen hineinzuversetzen, ihre emotionalen Befindlichkeiten zu verstehen und angemessen darauf zu reagieren.

Soziale Kompetenz

Die Fähigkeit, Kontakte zu knüpfen und tragfähige Beziehungen aufzubauen, nennt man soziale Kompetenz. Hinzu kommt ein gutes Beziehungsmanagement und Netzwerkpflege.

Persönlich habe ich lange gebraucht, um zu begreifen, dass nicht nur das Messbare zählt. Zu lange habe ich ein schlechtes Selbstwertgefühl gehabt, weil ich schulisch ein Spätentwickler war und sich in mir der Satz formte: »Ich bin dumm, aber fleißig.« Fatal ist oft, dass man solche Sätze manchmal lebenslang mit sich herumträgt. Ich habe viele Gaben, die ich aus heutiger Sicht in den Bereich der emotionalen Intelligenz einordnen würde, nur wusste ich es damals nicht. Schon immer habe ich gut zuhören können. Viele Leute vertrauten mir Geheimnisse an, die ich auch für mich behalten konnte. Bis heute

erzählen mir immer wieder wildfremde Leute ihre Lebensgeschichte und ich kann ihnen oft an einem schwierigen Punkt ihres Lebens weiterhelfen.

Außerdem habe ich früh kleine Geschichten und Gedichte geschrieben und sie an Festen zum Besten gegeben.

»Du scheinst zu riechen, was sich andere wünschen«, sagte mein Mann einmal. Geschenke zu besorgen, machte mir schon immer viel Freude. Um das Herz des anderen zu erreichen, muss man: genau hinsehen; den anderen beobachten; hinhören, wenn er von Sehnsüchten spricht; behalten, was er scheinbar im Nebensatz fallen lässt, und zur richtigen Zeit dann das Geschenk zum Geburtstag, zu Weihnachten oder auch mal einfach so überreichen.

Diese Gaben zählen nur wenig im Schulgeschehen und leider kann man sich dafür auch nichts kaufen, aber im Umgang mit Menschen sind sie sehr wichtig. Wie gut, wenn wir Eltern in unseren Kindern solche Gaben sehen, wertschätzen und fördern.

Altersgemäß erziehen

Ein dreijähriges Kind muss die Farben noch nicht auseinanderhalten können, aber spätestens in der Schule sollte diese Gabe entwickelt sein. Fordern Sie das von Ihrem Kind ein, was möglich ist. Wenn Ihr Sohn mit fünf Jahren seine Schuhe alleine zubinden kann, dann wäre es auch gut, wenn Sie Geduld haben und ihm die nötige Zeit lassen, damit er selbstständig wird. Wenn er sich aber mit acht Jahren noch nicht zutraut, für eine halbe Stunde auf seine kleine Schwester aufzupassen, dann sollte man auch das akzeptieren und das Kind nicht überfordern. Versuchen Sie, ehrlich zu sein und altersentsprechend zu urteilen.

Ehrlich beurteilen

»Mama, wie gefällt dir meine gebastelte Laterne?« »Sehr schön«, sagt die Mama, ohne genau hinzuschauen. Stolz geht Annalena in die Schule, doch leider gibt die Lehrerin ihr nur die Note »ausreichend« für die Arbeit, da sie unsauber geklebt und auch beim Ausschneiden

nicht sehr genau gearbeitet hat. Sie ist noch nicht ganz zur Haustüre herein, als sie die Mama beschimpft: »Wie kannst du sagen, dass die Laterne sehr gut sei? Meine Lehrerin hat mir nur eine Vier gegeben.«

Wir helfen unseren Kindern nicht, wenn wir sie wie Prinzessinnen und Prinzen immer auf einen Thron setzen, der nicht zu ihnen passt. Spätestens in Kindergarten und Schule werden sie manchmal gnadenlos abgeurteilt. Dann verstehen sie die Welt nicht mehr. Mama fand immer alles toll! Warum die Freunde und Klassenkameraden nicht?

Matthias und Leon machen zusammen Hausaufgaben. Sie sollen ein Frühlingsgedicht schreiben. Auf einmal erscheint Matthias in der Küche und liest der Mutter beide Gedichte vor und fragt, welches Gedicht besser sei. Die Mutter fühlt sich in der Zwickmühle. Eigentlich gefällt ihr das Gedicht von Leon besser, aber kann sie das wirklich sagen? Sie antwortet: »Dein Gedicht ist schöner.« Daraufhin fragt Matthias noch einmal nach: »Sagst du das jetzt nur, weil ich dein Sohn bin?«

Kinder haben ein sehr feines Gespür für das, was sie gut machen und was nicht. Sie können sich auch sehr schnell in einer Gruppe einstufen. Versuchen Sie, die Gaben Ihres Kindes herauszufinden und zu entwickeln. Woran hat Ihr Kind Freude? An Musik, an Kunst, an Sport oder am Lesen?

Stetigkeit und Vielfalt fördern

Manche Eltern stöhnen, dass ihre Kinder nicht bei einem Hobby bleiben. Sie würden sich wünschen, dass das Kind von sechs bis 19 Jahren Klavier spielt und im Fußballverein ist. Das wäre so schön einfach. Doch viele Kinder wollen verschiedene Dinge ausprobieren. Damit es nicht zu ständigen Diskussionen kommt, haben wir die Regel, dass wir uns immer für ein halbes bis ein Jahr festlegen. Solange wird das Erlernen des Instrumentes durchgezogen – egal ob mit oder ohne Lust. Danach darf aufgehört und gewechselt werden. Ansonsten gibt es zu oft Streit und Diskussionen. Machen Sie einen Vertrag mit Ihren Sprösslingen, an den sich beide Seiten halten müssen.

Umgang mit Geld lehren

Wenn es immer wieder neue Sportarten mit wechselnden Ausrüstungen sein sollen, muss man einen Finanzierungsplan machen. Wie viel bist du als Kind bereit beizusteuern? Zwei unserer Söhne wollten neben Badminton, Geigenunterricht und Orchesterprobe noch Tennis erlernen und in einen Verein gehen. Das mussten sie dann komplett selbst durch Taschengeld, Arbeiten gehen und über Weihnachts- und Geburtstagsgeschenke finanzieren.

Es ist wichtig, dass unsere Kinder lernen, dass nicht alles möglich ist und das alles seinen Preis hat. Unsere Kinder haben auch nur einen Zuschuss zum Führerschein bekommen. Ab dem zwölften Lebensjahr haben wir mit ihnen besprochen, wie sie das Geld zusammenbekommen können: Einen Teil des Taschengeldes sparen, arbeiten gehen und Geld als Geschenke wünschen. Sie haben sich ausgiebig bei allen Fahrschulen erkundigt, wo das günstigste Angebot sei, und versucht, möglichst wenig Fahrstunden zu nehmen. Oft sagten sie:»Unseren Klassenkameraden ist das vollkommen egal, wie teuer der Führerschein wird, denn ihre Eltern zahlen alles. Für sie wäre es auch nicht so schlimm durchzufallen, da die Eltern auch die Nachprüfung finanzieren.« Wie gut, wenn Kinder schon früh lernen, mit Geld sparsam umzugehen.

Rückenwind sein

Fühlt sich Ihr Kind nur angenommen, wenn es funktioniert? Kinder, die ich nur liebe, solange sie meinen Erwartungen entsprechen, leiden häufig unter Versagensängsten und irgendwann resignieren sie. Kinder brauchen Rückenwind. Manche Eltern drohen ihren Kindern: »Wenn du so weitermachst, stecke ich dich in ein Kinderheim.« Oder: »Aus dir wird nie etwas. Du endest als Hartz-IV-Empfänger.«

Es gibt Aussprüche, die man nie sagen sollte. Sie graben sich fest in die Kinderseele ein. Geborgen fühlen sich Kinder nur, wenn ich sie ohne Bedingung liebe, was aber nicht einfach ist.

Rückenwind kann Ermutigung sein, wenn man verzweifelt ist und nicht mehr an den Erfolg glauben kann, oder aber auch ein bisschen Druck geben.

»Warum hast du denn am Wochenende kein Französisch gelernt?«, fragt Nina ihren Sohn Moritz: »Du weißt doch, dass du in drei Tagen eine Arbeit schreibst.« »Du warst nicht da«, antwortet er, als wenn es die logischste Erklärung der Welt wäre. »Ich habe dir doch extra ein Übungsheft gekauft, das du alleine durcharbeiten kannst. In deiner Lage hätte ich da bestimmt schon drin gearbeitet«, hakt die Mutter noch mal nach. »Ich bin eben nicht wie du«, kontert Moritz. »Ich kann das nicht. Ich brauche jemand, der Druck macht und du warst nicht da, um mir Druck zu machen.« »Heißt das, dass ich dir jetzt Druck machen soll?« »Ja, wir können sofort anfangen zu üben.«

Wir erreichen Ziele nur, wenn wir bereit sind, Wege dahin zu gehen. Talent allein genügt nicht, um ein guter Mathematiker oder Oboist zu werden. Man muss sein Talent auch trainieren. Jeder Sportler und Musiker weiß das aus Erfahrung. Wie kann man Wettbewerbe im Schwimmen gewinnen? Indem man sich jeden Tag mehrere Stunden im Wasser fortbewegt. Das ist das kleine Einmaleins des Erfolges.

Jeder muss für sich herausfinden, wozu er die nötige Motivation aufbringen kann. Auch in der Kindererziehung muss die Frage erlaubt sein. Wohin wollen Sie Ihr Kind trainieren? Was sind Sie bereit, an Freizeit einzusetzen?

Training und Talent müssen zusammenkommen.

Unterstützung bei AD(H)S geben

Eines unserer Kinder hat AD(H)S, das sogenannte Zappelphilipp-Syndrom oder Aufmerksamkeits-Defizit-Syndrom mit Hyperaktivität. Solche Kinder fallen oft negativ auf und spüren, dass sie als anstrengend empfunden werden. Doch sie haben auch wunderbare Seiten. Sie laufen immer mit Weitwinkel durch die Gegend, schnappen alles auf und haben keine Berührungsängste für Neues. Schwierig ist nur, dass sie in unserem Schulsystem oft durchs Netz fallen und keinen Abschluss schaffen. Sie brauchen Menschen an ihrer Seite, die ihr Leben strukturieren, damit sie zunächst mal das Nadelöhr Schule schaffen. Aber auch darüber hinaus brauchen sie Unterstützung, da Kinder mit AD(H)S nicht immer, aber oft auch Erwachsene mit AD(H)S werden.

Ich kannte einmal einen Musiker, der wunderbar Kinder begeistern konnte. Er machte auch bei großen Veranstaltungen oft Kinderarbeit. Plötzlich war er nicht mehr im Kinderprogramm einer Konferenz. Ich fragte ihn, wie das käme und er erzählte: »Ich habe Schwierigkeiten im Organisieren, verspreche Dienste, schreibe sie nicht auf und dann kann es passieren, dass ich am falschen Ort zur falschen Zeit bin. So war es auch dieses Jahr. Ich hatte versprochen zu kommen, es nicht aufgeschrieben und war dann doppelt verplant. Das kam nicht gut an. Ich bekam das Etikett ›Unzuverlässig‹ und wurde nicht mehr eingeladen. Das tut weh.« Ein genialer Musiker mit großem Talent, der dringend einen Manager bräuchte oder eine gute Sekretärin.

Ganz entscheidend hängt der Erfolg in Leben und Beruf davon ab, dass sich der Mensch in seinen Gaben und Schwächen angenommen hat, sich unterstützende Hilfen holt und ehrlich mit seinen Defiziten umgeht.

Zurück zu unserem Sohn: Er ist handwerklich sehr begabt. Als er bei einem Tischler ein Katapult aus Holz baute, meinte dieser: »Ich wünsche ihm einen Meister, der diese kreative und erfinderische Ader schätzen und fördern wird und der bei der Lehrstellenvergabe nicht nur auf die Schulnoten schaut.«

AD(H)Sler sind oft geniale Rhetoriker, Gründer, Erfinder und haben nicht selten ein Spezialgebiet, in dem sie überdurchschnittlich gut sind. Mögen sie Menschen finden, die sie in Liebe, Geduld und einem Verständnis für ihre Problematik begleiten. Cordula Neuhaus hat sich ausgiebig mit AD(H)S beschäftigt. Ich empfehle ihre Bücher am Ende des Buches (s. Anhang).

Als Kind sich wertgeschätzt fühlen

»Wann ist Familie am schönsten?«, frage ich unsere Kinder beim Abendbrot. Ohne zu zögern, fast im Chor antworten sie: »Im

Advent, an Weihnachten, im Urlaub, an Geburtstagsfeiern und Familienabenden.« Unsere Kinder lieben Feste und freuen sich, wenn sie auch mal als »Gäste« behandelt werden.

... in der Adventszeit

Schon im Vorfeld gibt es Heimlichkeiten. Adventskalender werden selbst gebastelt. Mittlerweile packen die Jüngeren Päckchen für die Älteren, damit die Studenten auch jeden Tag eine kleine Freude haben. Die Adventszeit beginnt dann damit, dass wir zusammen einen Adventskranz herstellen. Außerdem duftet das ganze Haus nach selbst gebackenen Weihnachtsplätzchen, die frühestens am ersten Advent verspeist werden dürfen, genauso wie ein Stollen, Printen, Lebkuchen und Pfeffernüsse. Außerdem wird viel gebastelt und dekoriert.

... an Weihnachten

Mein Mann und ich wollten keine Traditionen und Rituale an Weihnachten. So gestalteten wir das Fest jedes Mal anders, brauchten keine Weihnachtsgans, keinen Weihnachtsbaum oder feste Besucherordnungen. Selbst auf Weihnachtsgeschenke verzichteten wir gegenseitig.

Schaffen Sie Rituale, damit Ihre Familie stark wird.

Doch mit den Kindern kamen auch die alten Bräuche wieder. Unsere Kinder baten um eine Weihnachtstradition. An Heiligabend sollte es immer das gleiche, besondere und für diesen Abend reservierte Essen geben. Nach dem Gottesdienst wird die Bescherung regelrecht zelebriert. Jedes Geschenk wird wertgeschätzt, schon allein dadurch, dass immer nur einer auspacken darf. Und dann kommt der Höhepunkt: Alle sieben Kinder liegen Matratze an Matratze in einem Zimmer und hören

Kinder lieben Traditionen. Das gibt Geborgenheit.

vor dem Schlafen noch zusammen eine neue »Dreifragezeichenkassette«. Am nächsten Morgen wird immer gerätselt, wer am längsten durchgehalten hat und wer noch am meisten vom Inhalt der Kassette erzählen kann. Die Jüngeren gewinnen meistens, da die Älteren oft eher einschlafen.

... an Geburtstagen

Geburtstage waren neben Weihnachten die absoluten Höhepunkte im Jahr. Jedes Kind fieberte auf den Tag hin, an dem es uneingeschränkt im Mittelpunkt stand. Schon Wochen vorher überlegten wir ein Thema für den Geburtstag, bastelten die passenden Einladungskarten und besprachen die Essensvorlieben. Jedes Geburtstagskind durfte sich sein Lieblingsessen und seine Lieblingskuchen wünschen. Außerdem hing ein Wunschzettel am Schrank, sodass auch gute Chancen bestanden, das zu bekommen, was auf dem Herzen war. Anfangs gestalteten wir Eltern den Geburtstag, später halfen oft die großen Geschwister schon mit – besonders wenn es um das Anleiten von Wettspielen und das Erstellen einer Schatzsuche oder einer Rallye ging, die bis zu einem bestimmten Alter nie fehlen durfte. Sehr beliebt waren kleine Überraschungen am Geburtstag. Im Nusskuchen oder einer Quarkspeise versteckte ich eine ganze Nuss und wer sie fand, bekam eine Tafel Schokolade. Sie werden staunen, wie schnell Ihr Nusskuchen weg sein wird.

Als wir das Thema »Elefanten« hatten, machte ich eine große Menge Hefeteig, stellte ihn in die Mitte des Tisches und bat die Kinder, Elefanten zu formen. Sie wurden gebacken und am Schluss prämiert. Die Kinder staunten nicht schlecht, wie sehr die Elefanten ihr Aussehen durchs Backen veränderten. Anschließend durfte jedes Kind sein Tier aus Hefeteig als Andenken mit nach Hause nehmen oder wir aßen sie alle gemeinsam mit Butter und Marmelade.

... an Familienabenden

Gemeinsam essen

Haben Sie schon einen Familienabend eingeführt? Am besten wäre es, einmal pro Woche am Freitagabend. Wir beginnen solche Abende mit einem guten Essen, das wir oft auch zusammen kochen. Wir stöbern gemeinsam durch Kochbücher und spezielle Kinderkochbücher und probieren zusammen oder allein neue Rezepte aus. Am Ende bekommen die Rezepte Noten von eins bis vier. Essenswünsche sind bei uns z. B. Dampfnudeln, Pommes, Hähnchen und Käsefondue. Am Küchenschrank hängt immer ein Blatt, auf das die Kinder während der Woche Wünsche aufschreiben können. Denn manchmal fällt einem spontan nichts ein, wenn man gefragt wird. Ab und zu überrasche ich die Kinder auch mit einem besonderen Angebot. Das beginnt meistens damit, dass ich erzähle, die Kinder in mein kleines Restaurant einzuladen. Mal nenne ich es Chez Horn, mal McHorn oder auch Dönerhorn. Im »Chez Horn« geht es französisch zu. Ich entwerfe eine Speisekarte, auf der man lesen kann: Baguette mit Käse, Ei oder Salami, dazu Salat, Gurke und Tomate und zum Nachtisch empfehlen wir Crêpes mit Nutella, Marmelade oder Zucker. Bei »McHorn« mache ich flache Frikadellen, kaufe Brötchen, Ketchup, Mayonnaise, Käse, Tomaten und Salat, stelle alles auf den Tisch und jeder kann sich seinen »Burger« selbst belegen. Auch der »Dönerhorn« ist sehr beliebt: Fladenbrot, Hackfleisch scharf angebraten und gewürzt, Krautsalat, Zaziki, Tomaten, Paprika, Zwiebeln und Gurkenscheiben. Schon kann es ans Füllen der Brottaschen gehen.

Tischdekorationen

Natürlich dürfen auch Tischdekorationen nicht fehlen. Manchmal reicht schon ein Trinkhalm, um die Kinder zu erfreuen. Wie wär's, wenn Sie auf die nächsten hart gekochten Eier etwas draufmalen oder schreiben? Sie müssen nicht bis Ostern warten. Hat eins Ihrer Kinder eine kreative Ader? Kinder mögen es auch gemütlich und romantisch. Bei uns gibt es öfters Kerzen auf dem Tisch, mal auch ein Öllicht, oder das Essen wird mit Wunderkerzen oder langen dünnen Kerzen verziert. Wichtig ist, dass wir die Versuche unserer Kinder wertschätzen und auch nicht sauer reagieren, wenn sie die allerschönsten Servietten für unseren Familienabend verwenden und Sie dadurch vielleicht für Freunde noch einmal neue kaufen müssen. Das zeigt nur, dass Ihre Kinder Geschmack haben.

Gemeinsame Unternehmungen

Anschließend wird gespielt, vorgelesen, ein Film geschaut oder schwimmen gegangen. Jeder darf Vorschläge machen. Am besten bespricht man den Ablauf des Familienabends schon einen Tag vorher, damit nicht die schöne Stimmung und die Vorfreude durch Streitigkeiten zunichte gemacht werden. Man kann ja auch mal einen »Bestimmerfamilienabend« einrichten. Das bedeutet, dass reihum immer einer bestimmen darf, was alle machen. Wie wäre folgender Vorschlag: Am ersten Freitag im Monat darf Max ein Spiel aussuchen und alle lernen, ohne zu meckern mitzumachen. Am zweiten Freitag ist Mama dran, am dritten Suse und am vierten Papa.
Zwischendrin könnte man auch mal zusammen schwimmen gehen, einen Film ausleihen oder ins Kino gehen. Wir haben für unsere Familie gemerkt, dass Familienabende wichtig und bereichernd sind.

Familienabende sind wichtig.

Leider beginnen sie oft mit Streit, weil wir uns nicht auf das gleiche Spiel einigen können und zwei Kinder sowieso grundsätzlich nicht gerne Gesellschaftsspiele machen. Aber es lohnt, darum zu kämpfen und zu ringen.

...an Abenden mit Gästen

Sind Ihre Kinder auch auf Gäste eifersüchtig? Wir haben immer wieder mal den Satz gehört: »Immer wenn Gäste kommen, gibt es so gutes Essen und wir müssen Brote essen.« Irgendwann habe ich angefangen, einfach etwas mehr zu kochen, sodass die Kinder sich in einem anderen Raum den Tisch decken dürfen und genau wie wir das Drei-Gänge-Menü genießen. Wenn es zu spät wird, verspreche ich, ihnen für den nächsten Tag etwas aufzuheben. Nun freuen sie sich immer auf Gäste. Es ist manchmal gar nicht schwer, Kinder glücklich zu machen.

...als Kinderköche

Kinder freuen sich, wenn wir ihnen zutrauen, dass sie selbst auch etwas zur Mahlzeit beisteuern können. Man kann ja mit einfachen

Dingen anfangen. Die Kinder können Käsestückchen zusammen mit Gurke, Weintrauben oder Mandarinen aufspießen und auf einem Teller bunt anordnen. Oder sie können Fliegenpilze aus Tomate, Ei und Mayonnaise herstellen. Unsere Kinder stellen gerne Bananenshakes mit den überreifen Bananen und Milch her oder schneiden Obst in Stückchen, die wir dann in heiße Schokolade tauchen. Je mehr Erfahrungen sie machen, desto selbstsicherer werden sie. Dann wird es Ihren Kindern nicht so gehen wie einer Studentin, die gebeten wurde, Tee für ihre Kommilitonen zu machen, und dann fragte: »Wann kocht denn eigentlich Wasser?« Je mehr Kinder in der Küche helfen dürfen, desto eher trauen sie sich dann auch einmal eine ganze Mahlzeit zu kochen. Auch da fangen sie wahrscheinlich klein an. Wie wär's mit Pfannkuchen? Überlassen Sie Ihren Kindern die Küche, aber seien Sie am Anfang in der Nähe und fragen Sie ab und zu nach, ob alles klar ist. Unsere Tochter wollte ganz alleine Pfannkuchen herstellen, doch leider las sie statt

Die Krisen von heute sind die Witze von morgen.

ein viertel Liter vier Liter Milch. Sie können sich vorstellen, dass sie sich wunderte, warum die Pfannkuchen in der Pfanne so dünn blieben. Ein Kind verwechselte auch mal Salz mit Zucker. Noch heute erzählen seine Geschwister von dem salzigen Vanillepudding. Aber woher sollen denn die Geschichten für die Hochzeit kommen, wenn nicht aus der Kindheit, in der man üben und Fehler machen durfte?

...als Gastgeber

Dürfen Ihre Kinder selbst Gastgeber sein, indem sie Kinder für einen Nachmittag oder auch über Nacht einladen? Unsere Kinder kümmern sich selbst um die Kindergäste. Sie wissen, dass sie für ihre Gäste verantwortlich sind, ihnen alles zeigen und fragen, ob ihnen etwas fehlt, sie Hunger oder Durst haben. Sie richten selbst das Zimmer her, beziehen die Betten und sind auch je nach Alter schon für das Badezimmer verantwortlich. Auch bei Erwachsenengästen wie Großeltern oder Paten helfen sie, das Zimmer gemütlich zu gestalten. Sie stellen Handtücher, Gläser mit einer Sprudelflasche, eine Willkommenskarte mit und ohne Bild der Familie, eine Schale mit Obst und Süßigkeiten auf den Tisch und basteln ein Schild für die Tür.

... als Schenkender

Kinder haben wenig finanzielle Mittel, um Geschenke zu machen. Wie schön, wenn sie zu Hause angeleitet werden, Geschenke, die wenig kosten, selbst herzustellen.

Wir haben zusammen viel gebastelt. Im Herbst haben wir bunte Blätter gesammelt, sie dann in einer Blumenpresse oder unter Büchern zwischen Zeitungspapier gepresst und getrocknet und nach einigen Tagen in eine Schachtel gelegt. Dann haben wir weiße Einfach- oder Doppelkarten gekauft und mit Blättern Tiere, Blumen und Landschaften auf die Karten geklebt. Diese Karten kamen immer sehr gut an. Auch in Faltbatik oder in Serviettentechnik lassen sich wunderschöne Geschenke herstellen. Viel Freude bereitet auch das Ausschneiden und Bekleben von Fensterbildern in den verschiedenen Motiven der Jahreszeiten. Haben Sie schon einmal Pralinen selbst hergestellt? Oder Kuchen? Wir haben reinste Kunstwerke aus Kuchenteig gezaubert. Ich kann mich noch an ein Klavier, eine Geige, eine Bassgitarre und einen Igel erinnern, die als Geburtstagsgeschenk sofort im Mittelpunkt der Aufmerksamkeit standen. Besonders in den Zeiten, in denen immer mehr Menschen zu Fertiggerichten und Tiefkühltorten greifen, freuen sich Menschen über selbst Gebackenes und selbst Zubereitetes jeder Art.

In der Adventszeit ist in unserer Familie das »Engelspiel« sehr beliebt. Alle Namen der Familienmitglieder werden auf einen Zettel geschrieben und dann zieht man, wie beim Wichteln, einen Namen. Eine Woche lang soll man nun dieser Person möglichst oft eine Freude machen. Ganz Raffinierte verstellen ihre Schrift, damit sie nicht erkannt werden. Mal findet man ein Stück Marzipan, mal einen coolen Spruch, mal ist schon der Küchendienst von Engelshand gemacht, mal sind auch die Schuhe geputzt. Spannend ist es natürlich, herauszufinden, wer nun mein »Engel« ist.

Überlegen Sie sich doch mal einen Adventskalender, der nichts kostet. Vielleicht kann man sich auch die einzelnen Tage aufteilen. Wenn Sie eine Familie mit vier Personen sind, bekäme jeder sechs Aufgaben. Papa würde vielleicht anbieten, mit dem Sohn einen Kran aus Lego zu bauen. Mama würde ungestört baden dürfen. Papa bekäme einen einstündigen Fahrradausflug mit der ganzen Familie geschenkt und Dora, dass Mama mit ihr über den Weihnachtsmarkt geht. Was würde Ihnen einfallen?

Den Gefühlen Namen geben

Unsere Kinder müssen lernen, ihre Gefühle wahrzunehmen und zu benennen. Als kleines Kind mündet jedes Unbehagen in Schreien. Das kann alles heißen: »Ich habe Hunger oder Durst oder beides. Ich habe die Hose voll. Ich bin so einsam.« Mit der Zeit lernen junge Eltern, wann sie reagieren müssen.

Die Botschaft der Bauchschmerzen
Wenn die Kinder älter werden, lokalisieren sie jedes Unbehagen in den Bauch. Egal ob sie Angst haben, nicht in den Kindergarten wollen oder krank sind, knöttern sie: »Mein Bauch tut so weh.« Es ist eine hohe Kunst, als Erwachsener herauszufinden, was der wahre Grund des Unwohlseins ist. In den seltensten Fällen ist es wirklich eine Magen-Darm-Verstimmung. Helfen Sie Ihrem Kind, den Gefühlen Namen zu geben.

Mona (sieben Jahre alt) ist gerade mit ihrer besten Freundin verkracht, sitzt auf Mamas Schoß und krümmt sich vor Bauchweh. »Bist du traurig, weil Anja heute Nachmittag mit Sophie spielt und nicht mit dir?«, fragt Monas Mama. Und schon sprudelt aller Kummer hervor: »Ja, das ist so gemein. Anja hatte mir versprochen, mit mir ins Schwimmbad zu gehen. Diese blöde Sophie hat sie bequatscht. Anja ist nicht mehr meine Freundin.« »Das kann ich gut verstehen. Ich habe so etwas als Mädchen auch mal erlebt. Ich war richtig sauer auf meine Freundin«, erzählt die Mutter. »Solche Erfahrungen lösen starke Gefühle aus und man sagt auch Dinge, die man eigentlich

gar nicht so meint, auch um den anderen zu verletzen. Das Gefühl, das sich jetzt in deinem Herzen breitmachen will, heißt ›Selbstmitleid‹. Frau Selbstmitleid redet dir ein, dass du ein Recht hast sauer zu sein. Aber weißt du, wir müssen im Leben auch lernen, dem anderen etwas zu gönnen, auch wenn wir dann verzichten müssen. Meinst du, dass du Anja und Sophie vergeben kannst, dass sie dich ausgebootet haben? Dann wird Frau Selbstmitleid dein Herz verlassen und nimmt vielleicht auch die Bauchschmerzen gleich mit.«

Im Herzen von Kindern und natürlich auch von uns Erwachsenen können sich viele Gefühle einnisten und die Frage ist immer berechtigt: »Was verletzt mich? Warum bin ich wütend? Warum habe ich Bauchschmerzen, was kann ich von dem, was ich erlebt habe, nicht verarbeiten oder verdauen?« Vielleicht ist es die Ungerechtigkeit, weil Ihr Sohn eine Drei und sein Freund Mattes eine Zwei in Geschichte bekam. Manchmal ist das Kind auch auf sich selbst sauer und wütend, weil es für den Test nicht genug gelernt hat. Waren Versagensängste im Spiel, die Ihre Tochter dazu bewogen, heute lieber nicht in die Schule zu gehen, weil sie schon mal einen »Blackout« in einer Arbeit hatte? Oder ist sie nur über die Vier in der Hausarbeit enttäuscht, weil sie dafür so viel gearbeitet hatte und klagt deshalb über Magenbeschwerden? Zorn auf den Lehrer, der Hannes beim Abschreiben erwischt hat, mischt sich vielleicht mit Scham, weil jemand an die Tafel schrieb, dass er in Sarah verliebt sei. Oft ist auch Eifersucht und Hass mit im Spiel, besonders wenn Mara ihr die Freundin ausspannt. Ein Kind quälen Sorgen um die Mutter, bei der schon wieder Metastasen gefunden wurden. Ein anderes plagt die Feindschaft zum neuen Stiefvater, weil er den Vater verdrängte. Was löst wohl Unterlegenheit dem Bruder gegenüber aus, weil er größer und stärker ist, obwohl das betroffene Kind doch der ältere ist?

Wie wohltuend, wenn Erwachsene hinhören, Zeit haben, um herauszufinden, wo der Schuh drückt. Dabei ist es wichtig, sensibel den richtigen Zeitpunkt zu finden, wann das Kind sprechen möchte.

Unser neunjähriger Daniel stellt beim Mittagessen auf einmal fest: »Eigentlich wären wir 12 Kinder, da Mama außer uns sieben noch fünf Fehlgeburten hatte.« Seine fünf Jahre ältere Schwester korrigiert ihn: »Nein, das stimmt so nicht, denn wenn das Kind vor dir geboren worden wäre, dann wärst du nicht da. Ist doch richtig Mama, oder?« »Ja, da muss ich Christine recht geben. Ich war schwanger und das Kind starb in der elften Schwangerschaftswoche. Drei Monate später war ich mit Daniel schwanger. Du hättest nicht entstehen können, wenn ich noch mit dem anderen Kind schwanger gewesen wäre.« Als ich abends an Daniels Bett gehe, macht er mir einen sehr nachdenklichen Eindruck, als er plötzlich sagt: »Ich will nicht schuld sein am Tode eines Geschwisterkindes.« »Du bist ja auch nicht schuld daran«, betone ich. »Erst ist das Kind gestorben. Drei Monate Pause. Dann bist du gezeugt worden. Du kannst nicht für etwas die Schuld auf dich nehmen, für das du nichts kannst.«

Immer wieder erlebt man auch, wie schnell Kinder aus Aussagen anderer falsche und verletzende Schlüsse ziehen.

Wie gut, dass Daniel seine Sorgen geäußert hat, sonst hätte er vielleicht eine lange Zeit diese »falsche Schuld« mit sich herumgetragen und wäre unglücklich geblieben.

Umgang mit Gefühlen am Beispiel der Wut

Negativseite der Wut

Wut hat zwei Seiten. Wir denken meistens an die zerstörende Komponente der Wut, an Gewalt und Aggression in Wort und Tat. Dabei müssen wir unseren Kindern helfen, damit umzugehen und angemessen zu reagieren. Wir haben sehr gute Erfahrungen gemacht, als wir »die Ecke« oder auch »die Treppe vor der Küche« entdeckt haben. Wenn ein Kind so wütend war, dass wir es mit Worten und liebevollem Festhalten nicht mehr erreichen konnten, haben wir ihm gesagt: »Wenn du jetzt nicht aufhörst zu schreien oder um dich zu treten, dann setzen wir dich vor die Tür oder in eine Ecke, damit du dich beruhigen kannst. Dann hast du Zeit nachzudenken. Wenn du dann wieder mit uns zusammen sein willst, kannst du es ja sagen.« Es war immer wieder erstaunlich, wie schnell das Kind selbst dann den Kreislauf der Wut durchbrechen konnte. Andere Hilfen sind: die Faust in der Hosentasche ballen; die Wut auslösende Tätigkeit auf später verschieben; Bewegung durch Laufen oder Fahrradfahren; an einem Boxsack oder Kissen überschießende Energie rauslassen; aufs eigene Zimmer oder auf die Toilette gehen, wo man ungestört ist, und erst diskutieren, wenn man wieder klar denken kann.

Leider sind wir Eltern auch oft Auslöser für kindliche Wut. Eltern können ein Geschwisterkind vorziehen, ständig vergleichen, Kinder lächerlich machen, vor anderen ermahnen, vorführen, immer nur das Negative sehen und richtig provozieren. Hat Ihr Kind vielleicht auch schon einmal von einem Freund gehört: »Meckert dein Vater eigentlich immer so an dir herum?« Das ist in doppelter Hinsicht schlimm. Das Kind befindet sich nun in einem Loyalitätskonflikt. Auf der einen Seite möchte es gerne dem Freund recht geben, auf der anderen Seite liebt es aber auch den Vater und möchte stolz auf ihn sein.

Positivseite der Wut

Wut hat aber auch noch eine zweite Seite. Wut ist eine starke Kraft, die uns hilft, Missstände zu entdecken und die nötigen Schritte zu gehen, damit sich Dinge zum Positiven verändern. Wir brauchen als Gesellschaft wieder im positiven Sinne wütende Menschen, die die nötige Zivilcourage haben, notwendige Veränderungen zu wagen.

Martin kommt nach Hause und ist außer sich vor Wut: »Mama, der Lehrer hat zu Lukas gesagt: ›Ich ramm dich ungespitzt in den Boden, wenn du noch einmal keine Hausaufgaben machst.‹ Und dann hat er noch einen Bleistift genommen und ihn auf seinen Handrücken gedrückt und dabei hat er gesagt: ›Was, das soll angespitzt sein?‹ Und dabei hatte Lukas den Stift erst gestern zu seinen Geburtstag bekommen.«

Was würden Sie sagen, wenn Ihr Sohn so etwas erzählt? Spüren Sie seine Ohnmacht und Wut? Auf jeden Fall ist es wichtig, das Kind darin zu bestärken, dass sein Empfinden richtig ist, und dass der Lehrer zu weit gegangen ist. Dann wäre zu überlegen, was zu tun ist. Ist das Kind in der Lage, seine Beobachtung mit dem Lehrer zu besprechen? Braucht es die elterliche Hilfe? Oder sollte man lieber mit Lukas und seinen Eltern sprechen?

Ich habe gute Erfahrung gemacht, dem Kind das Rückgrat zu stärken und Zivilcourage zu zeigen.

Der 16-jährige Josua kommt entrüstet aus der Schule. Es ist sein erster Tag am neuen Gymnasium. »Ich kann es nicht glauben, Mama. Es gibt doch drei Neunerklassen und ich habe darum gebeten, der a oder der c zugeteilt zu werden, auf keinen Fall der b. Als Zweites habe ich mir gewünscht, mit einem bestimmten Jungen in einen der zwei Lateinkurse zu kommen und dann hatte ich bei der Anmeldung noch erwähnt, dass ich mir auf jeden Fall als Wahlfach Naturwissenschaften wünsche und kein Spanisch. Nun rate mal, was passiert ist? Ich wurde der 9b zugewiesen, muss Spanisch lernen und bin genau in dem anderen Lateinkurs gelandet. Das kann doch nicht sein.« Er kochte vor Wut. Nachdem ich mir alles angehört hatte, fragte ich ihn, was er nun vorhätte. Ich schlug ihm mehrere Wege vor. Entweder er könnte jetzt gleich zum Telefon greifen und mit der Direktorin noch mal reden. Oder ich könnte das Gespräch führen und die Hintergründe für die traurige Situation erfragen. Er entschied sich dafür, es selbst zu tun. Ich blieb im Hintergrund und wir stellten das Telefon so ein, dass ich mithören konnte. Der Konrektor erklärte, dass aus der 9b mehrere Kinder das Klassenziel nicht erreicht hätten und es deshalb ungerecht wäre, diese Klasse nicht als Erstes aufzufüllen. Für die beiden anderen Missgeschicke entschuldigte er sich. Es seien eben nicht genug Naturwissenschaftsplätze da gewesen, um alle Wünsche zu erfüllen und so habe man erst die Schüler berücksichtigt, die schon länger an der Schule seien. »Gibt es für mich keine Chance mehr?«, höre ich Josua fragen. »Nein, entweder du akzeptierst es so oder du musst auf deine alte Schule zurückgehen.« Als Josua auflegt, sage ich ihm, wie stolz ich auf ihn sei, dass er das Gespräch selbst geführt hatte. Dann frage ich ihn nach seinen Plänen. Er beschließt, die Tatsachen zu akzeptieren, aber er hat es immerhin versucht.

Eigenanteile in Situationen wahrnehmen

Wichtig ist es auch, den Kindern beizubringen, dass nicht immer die anderen schuld an ihrer Misere sind. Haben Sie schon mal kleine Kinder beobachtet, die gegen eine Tür laufen? Was machen sie automatisch, ohne darüber nachzudenken? Sie schreien: »Du böse Tür!« Manche treten noch mal ganz fest gegen die »böse« Tür, quasi um die Tür zu bestrafen und tun sich dabei noch mal weh, was sie dazu verleitet, anzunehmen, dass die Tür noch »böser« ist als erwartet. Wie helfen wir Kindern, Eigenanteile zu erkennen? Im Fall der Tür ist es ja aus Erwachsenensicht eindeutig, wer hier der Schuldige an den Schmerzen ist. Doch für Kinder ist das noch lange nicht so.

Als ich unseren fünfjährigen Sohn einmal vom Kindergarten abholte, stemmte er beide Hände in die Taille, baute sich vor mir auf und meinte: »Mama, ich verstehe das nicht. Warum machst du immer alles falsch. Wenn ich früh abgeholt werden will, dann kommst du spät und wenn ich spät abgeholt werden will, kommst du früh.«

Es gibt ein Buch mit dem Titel »Mama ist nicht an allem schuld«. Dieser Satz kommt mir bei den vielen Anschuldigungen, die wir Mütter jeden Tag zu hören bekommen, oft in den Sinn: »Warum hast du mich so spät geweckt? Warum hast du mich nicht daran erinnert, das Milchgeld mitzunehmen? Warum gibt es im Schrank keine Schreibhefte mit Rand mehr? Warum hast du den Becher mit Apfelsaft so voll gemacht, dass er jetzt umgekippt ist? Warum ist mein T-Shirt nicht gewaschen?« Kennen Sie auch die Situation, dass Kinder morgens vor der Schule nicht aufstehen, aber wach sind und flaxen: »Wenn Mama uns nicht bald weckt, kommen wir zu spät zur Schule«?

In dem Buch »Ins Leben gesetzt« schreibt Bettina Ratering[23]: »So ging es mir auch in meiner Situation mit meiner Mutter, meinen Pflegeeltern und wer sonst noch Anteile an meinem Leben hatte. Wenn ich ganz ehrlich war, hatten die anderen alle schuld an meiner dunklen Vergangenheit. Wenn – dann. Es tat regelrecht gut, alle Schuld auf andere abwälzen zu können. Nur, dass sie da nicht hingehörte. Wo waren meine Eigenanteile? Gab es nicht auch genügend Situationen,

»Die anderen sind schuld....« ist ein Totschlagargument, das jede Eigenverantwortung und Bereitschaft zur Veränderung abstreitet.

wo ich das schwarze Schaf gewesen war, wo ich der Auslöser war, wo ich um Vergebung bitten musste?

Natürlich hat mein Umfeld dazu beigetragen, dass ich so bin, wie ich bin. Aber Lebenserfahrungen, die ich gemacht habe, sind nicht statisch das, was mir geschieht, sondern das, was ich daraus mache.«

Jede Verletzung, jeder Bruch, der mein Leben geprägt hat, birgt auch seine Chance in sich.

Für mich ist es sehr wichtig, dass Kinder lernen, in den Spiegel zu sehen und zu verstehen, welchen Eigenanteil sie an schwierigen Situationen haben. Ich habe oft Streitsituationen beobachtet und sie abends, wenn die Gefühle zur Ruhe gekommen waren, mit den Kindern nochmals besprochen.

Reife Persönlichkeiten haben gelernt, eigene Fehler einzugestehen. Sie kennen ihre Schwächen und Stärken.

Interessant fand ich in dem Bericht[24] über das Leben von Hildegard Knef anlässlich des Biografie-Films mit Heike Makatsch folgende Aussage: »Trotz ihrer (Knefs) unbestreitbaren Intelligenz war sie unfähig zur Selbstanalyse, zur stillen Reflexion, zur Einsicht. Wenn ihr Leben unglücklich verlief, waren immer die anderen schuld.«

Eigenverantwortung stärken

Unser erster Sohn hatte sich mal einen Handwurzelknochen gebrochen. Normalerweise fuhr er immer mit dem Fahrrad zur Schule. Ich fragte ihn: »Wie kommst du denn jetzt zur Schule?« »Zu Fuß, Mama.« Das schien für ihn das Logischste. So lief er sechs Wochen lang jeden Tag 25 Minuten hin und 25 Minuten zurück. Es war kein Problem für ihn.

Manchmal rechne ich unseren Kindern vor: »Du brauchst jetzt mit Bus und Bahn eine Stunde zu deinem Freund. Wenn ich dich hinbringe und wieder zurückfahre, brauche ich auch eine Stunde. Wer von uns hat mehr Zeit? Ist das fair, wenn ich dich fahren müsste?« Natürlich fahre ich unsere Kinder in Ausnahmefällen auch durch die Gegend und es ergeben sich oft supergute Gespräche, wenn wir zusammen durch die Stadt fahren. Aber es sollte die Ausnahme sein.

Ab wann überlassen wir unseren Kindern die Verantwortung für Verabredungen oder Arzttermine?

Gerade gestern lag wieder eine Karte vom Kieferorthopäden im Briefkasten mit der Mitteilung: »Ihr Kind hat einen Zahnarzttermin verpasst. Bitte schicken Sie es am 26. 2. um 13.45 Uhr.«

Haben Sie schon aufgehört, sich für Ihre Kinder zu schämen?

Wenn unser Kind mir den Termin nicht sagt oder in den Familienplaner einträgt, habe ich keine Chance, daran zu denken und das Kind zu erinnern. Also muss ich auch die Schuld für das Versagen des Kindes nicht tragen. Ich kenne viele Eltern, die Angst vor Elternabenden und Elternsprechtagen haben, weil sie nicht wieder hören wollen, was ihre Kinder falsch machen.

Kleben Sie sich auch manchmal das Etikett »Versagt« an, wenn Sie aus der Schule kommen? Wir wollen alle Erfolg haben, auch in der Kindererziehung. Es tut weh, getadelt zu werden. Ich habe unsere Kinder immer vor der Lehrertür gefragt: »Muss ich noch etwas wissen? Dann sag es lieber jetzt. Es ist peinlicher, wenn die Lehrer es mir sagen und ich keine Ahnung habe.

Kinder sind ein Teil von uns und deshalb fühlen wir uns schlecht, wenn Kinder nicht so funktionieren, wie wir wollen oder wie gut erzogene Kinder das könnten.

Hast du mal keine Hausaufgaben gemacht? Mir eine fünf im Test verheimlicht? Unterschriften gefälscht? Abgeschrieben? Im Unterricht öfters Quatsch gemacht?«

Neulich bekam ein Kind in der Abschlussklasse der Hauptschule für mich vollkommen überraschend eine fünf in einem Nebenfach im Halbjahreszeugnis. Ich bat den Lehrer um ein Gespräch, in dem er mir vorwarf, dass ich nicht schon früher gekommen wäre, die Hausaufgaben des Kindes nicht kontrolliert hätte und somit nicht gut informiert gewesen wäre. Da ich schon jahrelange Erfahrung mit Schulkindern hatte, konnte ich ohne verletzt zu sein antworten. »Es tut mir leid, aber diesen Vorwurf kann ich nicht annehmen. Das Kind ist alt genug und trägt alleine die Verantwortung für sein Versagen. Ich sehe es nicht als meine Aufgabe an, alle Haupt- und Nebenfächer meiner Kinder zu kontrollieren. Ich wäre Ihnen nur dankbar gewesen, wenn Sie mir früher eine Notiz hätten zukommen lassen, dass eine fünf in Ihrem Fach droht. Dann hätte ich das Kind ermahnt.«

Je eher Sie Ihrem Kind die Verantwortung für seine Leistung überlassen, desto besser. Das heißt nicht, dass wir nicht helfen und unterstützen – Schritt für Schritt hin zur Eigenverantwortung.

Freundschaften aufbauen lernen

Eltern haben sehr viel Einfluss, ob das Kind die Chance bekommt, Beziehungen zu anderen Menschen aufzubauen. Fördern Sie Freundschaften? Schaffen Sie Räume, in denen Kinder sich begegnen können? Das fängt vielleicht schon in einer Still- oder Krabbelgruppe an.

Sie könnten in Kindergarten oder Schule fragen: »Welches Kind passt zu meinem?« Lehrer und Erzieher erleben die Kinder mehrere Stunden am Tag zusammen, beobachten, wie sie miteinander umgehen, und sind von daher ideale Ratgeber. Wenn Sie dann ein Kind genannt bekommen, könnten Sie die Mutter mit dem Kind zusammen zum Kaffeetrinken einladen, sozusagen als Starthilfe. Kinder öffnen sich auch leichter, wenn sie spüren, dass die Eltern sich gut verstehen und das andere Kind auch mögen. Laden Sie doch den potenziellen Freund mal zu einer besonderen Aktion wie Schlittschuhlaufen, in den Zoo gehen oder Schwimmen mit ein. Sie werden sehen, wie einfach es geht. Freundschaften wollen und können gebaut werden.

Wir Eltern können auch Freundschaften stiften.

Es gibt viele Fähigkeiten zu erlernen, die das Miteinander als Menschen in freundschaftlichen Beziehungen gelingen lassen, auf die wir bei der Erziehung achten sollten. Uns half dabei folgendes Polarisationsprofil, das wir regelmäßig für unsere Kinder ausfüllten, um zu erkennen, wo natürliche Begabungen vorliegen und wo noch Förderungsbedarf ist. Manchmal empfiehlt es sich auch, dass Mutter und Vater den Fragebogen getrennt ausfüllen und hinterher gemeinsam darüber reden. Oder man kann auch das Kind den Bogen ausfüllen lassen. Ich bin immer wieder erstaunt, wie gut sich Kinder einschätzen. Lehrer fragen manchmal auch ihre Schüler, welche Noten sie sich geben würden. Sehr ehrlich kämen die Antworten, eher etwas zu schlecht als zu gut. Probieren Sie's aus. Es macht Spaß und man wird dankbar, was das Kind schon alles kann.

Welche Fähigkeiten muss mein Kind noch trainieren?

1. Kommunikationsfähigkeit	1	2	3	4	5
2. Konfliktfähigkeit	1	2	3	4	5
3. Anpassungsfähigkeit	1	2	3	4	5
4. Gemeinschaftsfähigkeit	1	2	3	4	5
5. Entscheidungsfähigkeit	1	2	3	4	5
6. Verantwortungsgefühl	1	2	3	4	5
7. Fähigkeit zum Verzicht	1	2	3	4	5
8. Guter Umgang mit Gefühlen	1	2	3	4	5

Die Notengebung entspricht den Schulnoten, also eins bedeutet sehr gut und fünf mangelhaft.

Vielleicht helfen Ihnen die nachfolgenden Fragen bei der Beantwortung der Fragen.

Kommunikationsfähigkeit: Kann sich das Kind so ausdrücken, dass andere verstehen, was es denkt und fühlt? Kann es gut zuhören? Hat es gelernt zu warten, bis es an der Reihe ist?

Konfliktfähigkeit: Kann es fair streiten? Fühlt es sich schnell verletzt und zieht sich dann zurück oder kann es Konflikte aushalten und bis zu einer Lösung diskutieren?

Anpassungsfähigkeit: Wie verhält es sich, wenn ungeplante Dinge passieren, z. B. eine Verabredung platzt, oder wenn es zusätzliche Arbeiten übernehmen muss? Passt es sich zu viel, bis zur Selbstaufgabe an?

Gemeinschaftsfähigkeit: Ist es gerne mit anderen Menschen zusammen? Kann es auf Unbekannte zugehen? Sieht es die Nöte der anderen, kann es sich ein- und unterordnen?

Entscheidungsfähigkeit: Kann es gut Entscheidungen treffen oder begleitet es der Satz: »Es ist mir egal«?

Verantwortungsbewusstsein: Übernimmt es Verantwortung in der Familie oder für eine Gruppe, oder lässt es die anderen meistens vor und sagt dann: »Das kann ich nicht«? Wie geht es mit Haustieren um, mit kleineren Aufgaben, mit Geschwistern?

Fähigkeit zum Verzicht: Kann es auf Süßigkeiten oder Fernsehen verzichten? Oder muss es alles möglichst sofort haben?

Guter Umgang mit meinen Gefühlen: Kennt es seine Gefühle? Nimmt es sie ernst? Kann es auch mal weinen? Hat es gelernt, mit Wut umzugehen? Hat es seine Zunge im Griff?

Kinder lernen diese Fähigkeiten an unserem Vorbild. Von daher kann es auch hilfreich sein, für sich selbst den Fragebogen einmal auszufüllen. Haben Sie den Mut, sich einmal von Ihrem Ehepartner oder den Kindern einschätzen zu lassen? Vielleicht haben Sie ja die gleichen Baustellen wie Ihre Kinder.

Wenn Sie feststellen, dass Ihr Kind nicht konfliktfähig ist, hilft es ihm nicht, ihm alle Konflikte aus dem Weg zu räumen. Manche Eltern machen das. Aus Angst vor dem Streit mit dem Kind geben sie nach, erlauben viele Dinge, die dem Kind nicht guttun, schauen einfach weg und lassen das Kind in seiner Unfähigkeit.

> Zu Hause ist der Ort, wo man verlieren, diskutieren und fair streiten lernen muss. Wo denn sonst?

Lassen Sie sich nicht auf faule Kompromisse ein, gehen Sie in die Auseinandersetzungen mit Ihren Kindern.

Ausführlicher gehe ich auf die Fähigkeiten und wie man sie erlernen kann in dem Buch »Baustelle erste Liebe[25] – Mit Teenagern über Freundschaft, Liebe und Sexualität sprechen« ein sowie in dem Buch »Baustelle erste Liebe für Teens«[26].

Respekt vor anderen entwickeln

Den Anfängen wehren

Hat Ihr Kind Respekt vor Ihnen? Das fängt schon ganz klein an. Wenn Ihr Kind seinen ersten Wutausbruch bekommt und Sie schlagen und treten will, nur weil es seinen (kleinen) Willen nicht bekommt. Wie reagieren Sie? Lassen Sie es zu? Lachen Sie vielleicht darüber? Noch ist das Kind klein und Sie sind groß und stark. Aber jetzt werden die Weichen gestellt. Ihr Kind wird wachsen. Spätestens in der Pubertät werden Sie Ihren Teenager nirgendwohin ziehen. Lassen Sie sich beschimpfen? Wie redet Ihr Kind mit Ihnen? Welche Schimpfworte lassen Sie zu?

Ich fand es immer sehr befreiend, wenn mein Mann zu unserem Sohn sagte: »Ich lasse nicht zu, dass du meine Frau beleidigst. Dann bekommst du es mit mir zu tun. Keiner beleidigt das Liebste, was ich habe.« Das haben die Kinder von klein auf immer wieder erlebt.

Kinder sind dankbar für Grenzen und für Erwachsene, die sie erziehen, wenn es in Achtung und Wertschätzung geschieht.

Sie entscheiden, was Kinder mit Ihnen machen oder nicht.

Ein Junge kam einmal zu uns zu Besuch und spuckte in den Flur. Ich habe ihm in die Augen geschaut und mit fester Stimme gesagt: »Das ist das erste und letzte Mal, dass du das gemacht hast, oder du kannst nicht mehr wiederkommen. Haben wir uns verstanden?« Er nickte und hat es nie mehr getan.

Höflichkeit beibringen

Stehen Ihre Kinder im Bus auf, wenn ältere Leute keinen Platz haben? Bedanken sie sich, wenn Eltern Fahrdienste übernehmen oder sie zum Kindergeburtstag eingeladen waren? Lernen sie »Guten Tag« und »Auf Wiedersehen« zu sagen? Von klein an habe ich mich darum bemüht, meinen Kindern diese Verhaltensweisen beizubringen.

Meiden Ihre Kinder den Augenkontakt, wenn sie Menschen begrüßen? Viele Kinder schauen in eine ganz andere Richtung. Sie halten den Blicken nicht stand. Das kann man leicht als Unsicherheit und mangelndes Selbstwertgefühl interpretieren. Mich verunsichert es immer, wenn man mit mir redet, aber an mir vorbei zur Decke schaut. Deshalb ist es mir sehr wichtig, meine Kinder darauf hinzuweisen und sie zu lehren. Für mich drückt sich darin auch Respekt für den anderen aus. Kinder müssen auch lernen, wo die Grenze von Späßen und Streichen ist und mit wem sie welche Sprache sprechen. Darf Ihr Sohn sagen: »He, Alter, wirf mal die billigen Schlappen her«? Natürlich kommt es bei solchen Aussagen sehr darauf an, in welchem Tonfall es gesagt wird.

Kinder, die respektiert werden, werden Erwachsene, die respektieren.

Respekt drückt sich in Deutschland auch darin aus, dass Kinder lernen, Erwachsene zu siezen. Spätestens in der Grundschule sollten Kinder dazu in der Lage sein.

Eltern ehren

Fühlen Sie sich von Ihren Kindern geehrt? Woran kann man das festmachen?

Ich fühle mich von meinen Kindern geehrt, wenn sie meine Wünsche respektieren, sich bemühen zu gehorchen, ihre Wünsche auch einmal zurückstellen und mir helfen, mir Achtung für meine Verantwortung als Mutter entgegenbringen, Zeit mit mir verbringen, nicht hinter meinem Rücken Dinge tun, sondern sie mit mir ausdiskutieren, aber auch ihre eigenen Wege als Persönlichkeiten gehen.

Mutter und Vater sein ist etwas Besonderes.

Mein Mann und ich fanden es nie gut, wenn unsere Kinder uns mit unseren Vornamen anreden wollten.

Es gibt viele Frauen, die unsere Kinder mit Ute und viele Männer, die unsere Kinder mit Thomas anreden können. Aber es gibt nur eine Ute, die sie mit Mama und einen Thomas, den sie mit Papa anreden können. Sollten wir diese besondere Beziehung zu den eigenen Eltern nicht auch in der Namensgebung respektieren?

Merle war mit Achim verheiratet. Sie fanden es gut, von ihrem Sohn Tobias mit Vornamen angesprochen zu werden. Leider zerbrach die Ehe. Sie lernte einen neuen Mann kennen und heiratete ihn. Unglücklicherweise hieß er auch Achim, was Tobias in Schwierigkeiten brachte. Er wollte ihn nicht Achim nennen, weil für ihn Achim und Papa das Gleiche war.

Auf die Sprache und Kultur achten

Es ist auch unsere Aufgabe, den Kindern beizubringen, dass es bestimmte Begriffe gibt, die Jugendsprache sind und bei Erwachsenen nicht gut ankommen oder ihnen sogar zeigen, dass die Kinder nicht gut erzogen sind. Kraftausdrücke wie »Scheiße, Kacke, Arsch« oder Schimpfworte wie »Hurensohn, Assi, Schwuli, Mongo« werden wir zwar nicht vollständig ausmerzen können, aber es wäre fatal, wenn wir nichts dazu sagen würden. Manchmal plappern Kinder auch etwas nach, was sie gar nicht verstanden haben. Dann wäre es gut, einmal nachzufragen: »Weißt du, was Mongo heißt?« Wir setzen das oft voraus. Kinder spüren intuitiv, dass das ein Schimpfwort ist, lernen es und probieren es bei der nächsten Gelegenheit aus. Bevor wir das Kind beschimpfen, wie es denn so etwas sagen kann, ist es immer ratsam, erst einmal nachzufragen. Ich habe meine Eltern einmal geschockt, als ich folgende Frage aus der Schule mit nach Hause brachte: »Was haben Vögel mit Menschen zu tun?« Die Antwort lautete: »Auf der Bank, da vögeln sich die Menschen.« Ich fand das Wortspiel lustig, ohne eine Ahnung zu haben, was das heißen sollte. Irgendwie war es eine peinliche Situation, als ich erkennen musste, dass ich den Witz nicht verstanden hatte. Aber besser meine Eltern sagen mir die Wahrheit, als dass ich von einem Fettnäpfchen ins nächste trete.

Ein Mädchen malte mit Wonne ein Hakenkreuz nach dem anderen aufs Blatt. Unsere Tochter war entsetzt und sagte: »Was machst du denn da? Weißt du nicht, was das bedeutet? Du darfst so etwas nicht malen.« Das Mädchen war ganz erstaunt.

Es gibt viele Symbole, die Aussagekraft haben. Es dauert lange, bis Kinder wissen, wie die Gepflogenheiten und die Kultur einer Gesellschaft sind.

Autoritäten richtig einschätzen

In Deutschland sind wir »gebrannte Kinder«, wenn es um Autoritäten geht. Wir wollen unsere Kinder auf gar keinen Fall zum blinden Gehorsam erziehen.

Es ist eine Gratwanderung, Kinder zu lehren, Eltern, Großeltern, Erwachsene allgemein sowie Erzieherinnen, Lehrer und Vorgesetzte zu achten, ihnen zu gehorchen, aber auch »Nein« sagen zu dürfen.

Auch durch die wiederholt bekannt gewordenen Missbrauchsgeschichten sind wir alarmiert. Wie lehren wir unsere Kinder, dass ihnen ihr Körper selbst gehört, dass sie ihren Wahrnehmungen trauen dürfen? Wo wird Kindern geglaubt, wenn sie erzählen, dass sie gesehen hätten, dass ein Lehrer eine Schülerin geküsst hat oder dass der Onkel ihnen unter die Bluse gegriffen hätte?

Die fünfjährige Anja begegnet dem Bruder der Mutter zum ersten Mal, weil er sonst in Australien wohnt. Als er zur Tür hereinkommt und alle stürmisch umarmt, wird sie gedrängt: »Na, willst du deinen Onkel nicht umarmen und ihm einen Kuss geben?« Anja will nicht. Alle lachen und meinen: »Zier dich doch nicht so.« Noch gerade die Tränen unterdrückend, läuft sie in ihr Zimmer.

In solch einer Situation können wir Kindern das Rückgrat stärken und sagen, dass sie sich selbst treu bleiben dürfen. Wie gut wäre es gewesen, wenn die Erwachsenen ausgesprochen hätten »Das ist vollkommen in Ordnung. Immer bringen wir dir bei, nicht mit Fremden mitzugehen, und jetzt sollst du den Onkel umarmen, der ja auch noch ein Fremder für dich ist. Lern ihn erst mal richtig kennen. Er wird dir gefallen.«

Wir müssen die Grenzen der Kinder akzeptieren. Manchmal hilft es den Kindern, wenn sie auf Situationen besser vorbereitet werden. Man hätte vorher mit Anja sprechen können. Vielleicht hätte die Mutter sagen können: »Schau mal, Anja, hier ist ein Foto von deinem Onkel. Ich freue mich schon so sehr auf ihn. Ich habe ihn schon sechs Jahre nicht mehr gesehen. Weißt du, was wir früher alles zusammen erlebt haben? ...« Dann hätte Anja einen leichteren Zugang zum Onkel gehabt.

Was mir wichtig ist

Können Sie Ihre Erziehungsziele benennen?

Bausteine für eine reife Persönlichkeit:

- Selbstwertgefühl entwickeln.
- Sich als Kind wertgeschätzt fühlen.
- Den Gefühlen Namen geben.
- Eigenanteile in Situationen wahrnehmen.
- Eigenverantwortung übernehmen.
- Freundschaften aufbauen lernen.
- Respekt vor anderen entwickeln.
- Autoritäten richtig einschätzen können.

Welche Fähigkeiten muss mein Kind noch trainieren?

- Kommunikationsfähigkeit
- Konfliktfähigkeit
- Anpassungsfähigkeit
- Gemeinschaftsfähigkeit
- Entscheidungsfähigkeit
- Verantwortungsgefühl
- Fähigkeit zum Verzicht
- Guter Umgang mit Gefühlen

Kapitel 4
Wie fühlt sich Liebe an?

»Mama, hast du mich lieb?« Dies ist eine immer wieder gestellte Frage von Kindern. Wie würden Sie auf die Frage antworten? Was hören Sie aus der Frage heraus?

Ich glaube, dass es in den meisten Fällen keine wirkliche Frage, sondern eher eine Art Spiel ist. In der Frage steckt die Botschaft: »Ich will es immer wieder von dir hören. Eigentlich weiß ich es ja. Sag es mir noch mal. Das tut so gut.« Es ist eine rhetorische Frage. Deshalb ist die richtige Antwort darauf ganz einfach: »Ja, ich liebe dich, gestern, heute und morgen. Ich werde nie aufhören, dich zu lieben, egal was du anstellst. Ich kann gar nicht anders, als dich zu lieben.«

> Liebe ist nicht nur ein Gefühl, sondern hat sehr viel mit Entscheidung und auch Opfer zu tun.

Für kleine und große Kinder ist das Buch von Sam McBratney und Anita Jeram mit dem Titel »Weißt du eigentlich, wie lieb ich dich hab?«[27] sehr zu empfehlen. »Der kleine Hase hat den großen Hasen lieb. Wie lieb? Sooo lieb hat er ihn und breitet die Ärmchen aus. Aber die Arme des großen Hasen reichen weiter.« Wie lieb man sich überhaupt haben kann, das zeigt dieses bezaubernde Buch.

> Kinder, die geliebt werden, werden Erwachsene, die lieben.

Kinder wollen geliebt werden, wollen es fühlen, hören, schmecken, riechen und sehen. Kinder werden liebesfähig, auch andere zu lieben, wenn sie zuerst von uns geliebt werden.

Liebe kann man lernen und muss man lernen, wenn Beziehung gelingen will.

Wer liebt, wird andere Menschen als Geschenke sehen, sie nicht benutzen, ihnen etwas gönnen, sie beschenken und ihnen helfen. Viele Kinder fühlen sich von ihren Eltern nicht geliebt, obwohl sie materiell gut versorgt werden. Vielleicht weil die Mutter nicht lobt, sie nicht auf dem Schoß des Vaters sitzen dürfen, die Mutter meistens nicht beim Fußballspiel auf der Tribüne sitzt, obwohl das Kind mitspielt, der Vater nie bei den Hausaufgaben hilft, obwohl das Kind darum bittet, oder die Mutter nicht gerne Gesellschaftsspiele spielt.

Haben Sie Mut, Ihre Kinder zu fragen, wann sie sich geliebt fühlen oder woran sie merken, dass Sie sie lieben? Das können sehr unterschiedliche Situationen sein.

Unsere Kinder antworteten: Ich fühle mich geliebt, ...

- wenn du mit mir alleine wegfährst.
- wenn ich krank bin und du mir ein Buch vorliest.
- wenn du mir mein Lieblingsessen kochst.
- wenn du mich durchkitzelst oder mir den Rücken kraulst.
- wenn du mir hilfst, eine gute Mathematikarbeit zu schreiben.

Bedingte und bedingungslose Liebe

Es gibt zwei verschiedene Arten von Liebe, die bedingte und die bedingungslose Liebe. Bedingte Liebe hängt vom Wohlverhalten des Kindes ab. Sie ist ein Lohn, eine großzügig gewährte Gabe, ein Privileg für artige Kinder, während wahre, bedingungslose Liebe auch als eine Komme-was-da-wolle-Liebe bezeichnet werden könnte. Sie ist unabhängig davon, wie sich das Kind verhält.

Die Komme-was-da-wolle-Liebe schenkt Geborgenheit.

Hat Ihr Kind das Gefühl, dass es nur geliebt ist, wenn es tut, was Sie sagen?

Vielleicht haben Sie manchmal die Sorge, dass Sie Ihre Kinder durch zu viel Liebe verziehen. Aber da möchte ich Sie beruhigen. Nach meiner Erfahrung kann man einem Kind nicht zu viel Liebe geben, sondern nur zu wenig Erziehung oder falsche, nämlich bedingte Liebe.

Gary Chapman[28] und Ross Campbell beschreiben folgende fünf Sprachen der Liebe:

- ♦ Zärtlichkeit,
- ♦ Lob,
- ♦ Zweisamkeit,
- ♦ Geschenke und
- ♦ Hilfsbereitschaft.

Kinder bräuchten alle fünf Liebessprachen, aber im Laufe des Lebens würde sich eine Muttersprache der Liebe herauskristallisieren, die das Kind bevorzugen würde.

Unsere Kinder fühlen sich geliebt, wenn ich ihre Bedürfnisse ernst nehme und auf sie eingehe. Sie spüren meine Liebe nicht unbedingt, wenn sie alle das Gleiche bekommen. Die Wünsche können von Kind zu Kind sehr unterschiedlich sein. Als Mutter kommt für mich sehr viel Entspannung in den Alltag, seitdem ich nicht mehr versuche, allen das Gleiche zu geben.

> Man kann einem Kind nicht zu viel Liebe geben, sondern nur zu wenig Erziehung oder falsche, nämlich bedingte Liebe.

Ich möchte im Nachfolgenden die fünf Liebessprachen kurz vorstellen.

Zärtlichkeit

Die Liebessprache *Zärtlichkeit* beinhaltet das Bedürfnis, berührt und gestreichelt zu werden. Jede körperliche Zuwendung, jede Umarmung, jeder Kuss, aber auch das Herumtoben, das Kabbeln, das Hochgeworfen- und Wiederaufgefangenwerden zeigen dem Kind: »Ich liebe dich.« Kennen Sie Kinder, die jede Gelegenheit nutzen, um auf Ihrem Schoß zu sitzen?

Philip ist das dritte von fünf Kindern. Sobald die Mahlzeiten gegessen sind, ertönt seine Stimme: »Darf ich auf deinem Schoß sitzen?« Wenn die Familie einen Film anschaut, wird die Fernsehzeit zur Schmusezeit. Auch bei der Gutenachtgeschichte, sucht er immer den Körperkontakt oder krault auch schon mal seiner Mama in den Haaren herum. Manchmal sagt er auch: »Bitte streichle mir mal den Rücken, kitzel mich mal durch« oder »Kannst du mich nicht mal massieren?«

Anderen Kindern ist die Zärtlichkeit eher lästig. Sie wehren sich mit den Worten: »Lass doch das blöde Fummeln.« Kann ihr Kind Zärtlichkeit genießen? Sucht oder meidet es eher den Körperkontakt?

Wie kann das altersentsprechend aussehen?

Kleinkinder – 0–6 Jahre alt

Babys bekommen beim Wickeln, Füttern, Stillen und Herumtragen viel Zärtlichkeit. Das Kleinkind braucht Umarmungen, Küsse, Ringkämpfe, Huckepack-Ritte durch die Wohnung oder Spaziergänge auf Papas Schultern.

Schulkinder

Schulkindern kann man Körperzuneigung durch Mut machende Umarmung, verbunden mit der Aussage: »Du schaffst es!« geben, sie herzlich beim Aus-der-Schule-Kommen begrüßen, beim Vorübergehen mal durch die Haare kraulen, den Rücken streicheln oder bei den Hausaufgaben und beim abendlichen Vorlesen in den Arm nehmen und auf dem Schoß sitzen lassen.

Jungen mögen es oft auch gerne etwas rauer. Sie raufen, rempeln, schlagen sich zur Begrüßung die Handflächen aneinander oder lieben kräftiges Schulterklopfen. Auch im Sport geht es oft um Körperkontakt. Thomas sagte neulich: »Beim Volleyball ist nicht so viel Körperkontakt, da ist Handball schon besser.«

Besonders wichtig ist die Berührung bei Schmerzen, Krankheiten und Unfällen.

Pubertät – ab 12 Jahren

Jungen sagen auf einmal: »Mama, ich bin zu alt für einen Gutenachtkuss.« Oder: »Gib mir nur keine Umarmung vor dem Bus, wenn andere mich sehen können.« Das ist uncool. Nur in der Privatsphäre ist die Umarmung noch manchmal gewollt. Die jungen Leute ziehen sich gerne in ein Schneckenhaus zurück, aber bei Entspannungsmassagen sagt so schnell keiner »Nein«. Mädchen lieben weiterhin die Nähe und ich möchte besonders die Vätern bitten, es weiter zuzulassen, wenn Ihre Töchter sich in Papas Arm kuscheln oder auf dem Schoß sitzen wollen. Leider sagen einige Väter in der Pubertät: »Such dir nun mal einen anderen Schoß.«

Sprache kann auch eine Fremdsprache sein. Vielleicht mögen Sie persönlich es nicht, ständig angefasst zu werden, aber ihr Kind sucht immer wieder den Kontakt, schleicht sich von hinten an Sie heran, hält Ihnen die Augen zu, lädt Sie zu einem Ringkampf ein, zerzaust Ihnen das Haar, wenn sie mal gemütlich auf der Couch liegen. Sie sind dann einfach nur genervt. Die Sprache Zärtlichkeit kann man erlernen. Es lohnt sich, die Liebessprache der Kinder zu sprechen. Gehen Sie auf ihr Werben ein, dann fühlen sie sich geliebt.

> Mädchen brauchen diesen Körperkontakt und er schützt sie davor, mit Jungen und Männern sexuellen Kontakt zu haben, denn eigentlich sehnen sie sich nicht nach Sex, sondern nach Zärtlichkeit auf der Suche nach Liebe.

Lob

Was fällt Ihnen an den folgenden Rechenbeispielen auf?

$2 \times 2 = 4$, $3 \times 3 = 8$, $4 \times 4 = 16$, $5 \times 5 = 25$

Was haben Sie gedacht? Eine von vier Aufgaben falsch oder drei von vier Aufgaben richtig? Auch in der Schule steht unter einem Diktat immer die Fehlerzahl, anstatt 99 von 100 Worten richtig. Von klein auf sagt man uns, was wir falsch machen.

Ermutigen heißt die kleinen Anfänge wertschätzen

Der vierjährige Benjamin kommt stolz die Treppe herunter, weil er sich ganz alleine angezogen hat. Doch welchen Kommentar erntet er? »Benjamin, deine Schuhe sind verkehrt herum angezogen.« Hätte man nicht auch sagen können: *»Benjamin, du bist ja spitze. Ich bin stolz auf dich. Du hast an alles gedacht: zuerst das T-Shirt, dann den Pullover, Unterhose, dann die Hose, zwei gleiche Strümpfe. Wenn du jetzt noch die Schuhe anders herum anziehst: Perfekt.«*

> Unser Blick in der Erwachsenenwelt ist geschärft fürs Unvollkommene.

Wie fühlt sich Benjamin wohl beim ersten, wie beim zweiten Kommentar?

Ermutigen heißt: Wegsehen vom Resultat, hinsehen zum Motiv.

Sonja geht in die zweite Klasse und kann schon recht gut lesen. Heute ist Mamas Geburtstag und sie beschließt, auf eigene Faust noch schnell einen Kuchen zu backen. Die Geburtstagsgäste kommen erst in drei Stunden, Mama hat schon alles vorbereitet und ist noch beim Friseur. Sonja siebt Mehl, was etwas staubt, ein Ei landet auf dem Boden und die Mixstäbe haben ein bisschen Teig in der Küche verteilt. Stolz wie Oskar schiebt sie gerade den Kuchen in den Ofen, als Mama doch etwas früher als geplant vom Friseur wiederkommt.

Ermutigen heißt, die kleinen Anfänge wertzuschätzen.

Wie würden Sie reagieren?

»Kann ich dich denn nicht eine Stunde allein lassen, ohne dass du etwas anstellst? Muss das denn heute sein? Wie kommst du denn darauf? Gleich kommen die Gäste. Sieh mal, wie die Küche aussieht«?

Ermutigen heißt: Wegsehen vom Resultat, hinsehen zum Motiv.

Ermutigen heißt Wegsehen vom Resultat, hinsehen zum Motiv. Zugegeben, das Resultat war schlecht: Die Mutter musste wohl erst mal die Küche putzen. Aber der Grundgedanke war nur gut: Sonja wollte ihr zum Geburtstag eine Freude machen.

Eine gute Antwort wäre gewesen: »Danke, Sonja. Das ist ja eine tolle Idee, dass du mir noch einen Kuchen backen wolltest. Jetzt müssen wir nur noch schnell die Küche aufräumen, bevor die Gäste kommen. Hilfst du mir noch dabei?«

Ermutigen heißt, hinter jemandem zu stehen

In der Gemeinde wird gefragt, welche Frau für die Weihnachtsfeier einen Kuchen backen würde. Unser achtjähriger Sohn stupst mich an und flüstert: »Können da auch Kinder und Männer mithelfen?« Nach dem Gottesdienst meldet er sich bei der organisierenden Frau und verspricht, zwei Marmorkuchen zu backen. Er denkt von alleine daran, sie einen Tag vorher zu backen, und bringt sie dann zur Feier mit.

Plötzlich fragt er mich: »Mama, weißt du, warum ich das mit den Marmorkuchen kann?« »Keine Ahnung«, sage ich. Seine Antwort macht mich sprachlos: »Weil ich eine Mama habe, die hinter mir steht.«

Ermutigen heißt, hinter jemandem zu stehen.

Es gibt Kinder, deren Muttersprache der Liebe Lob ist, die aber viel Mist bauen und genau das, was sie am Nötigsten brauchen, nicht bekommen. Noch als Erwachsene würden sie viel darum geben, einmal aus dem Munde von Mutter oder Vater zu hören: »Ich bin stolz auf dich.«

Zweisamkeit

Mein siebenjähriger Sohn Daniel hat mich gebeten, ein Würfelspiel ganz alleine mit ihm zu spielen. Wir hatten gerade begonnen, als sein Bruder Andreas, neun Jahre alt, ins Zimmer kam und fragte, ob er mitspielen dürfte. Sofort zischte Daniel: »Nein, Mama hat mir versprochen, alleine mit mir zu spielen.« Da ich noch nie gut damit umgehen konnte, wenn ein Kind ausgeschlossen wurde, wandte ich ein: »Nun stell dich nicht so an, natürlich kann Andreas mitspielen. Es macht doch viel mehr Spaß zu dritt.« »Nein, ich will es aber nicht, sonst gehe ich nach oben.« Schon war der Streit da und ich verstand die Welt nicht mehr, besonders, weil Andreas immer sofort bereit war, Daniel mitspielen zu lassen.

Erst durch das Wissen um die Liebessprachen wurde mir Daniels Reaktion verständlich. Er fühlte sich von mir nicht geliebt. Es tat unserer Beziehung gut, als ich zugab, dass ich ihm Unrecht getan hatte. Ich bat ihn um Entschuldigung und achtete in den nachfolgenden Wochen sehr genau darauf, dass er auch mit mir alleine etwas tun durfte. Vor mehreren Jahren machte ich folgenden Vorschlag: »Ich spendiere euch einen Nachmittag in der Woche. Ihr seid sieben Kinder. Ihr könnt euch überlegen, ob wir an diesem Nachmittag immer alle zusammen etwas Besonderes unternehmen sollen oder ob jedes Kind einen Nachmittag mit mir alleine verbringen will. Das bedeutet aber auch, dass ihr dann nur an einem von sieben Nachmittagen etwas unternehmt.« Andreas entschied sich sofort dafür, alle Nachmittage zusammen zu verbringen, während Daniel die andere Lösung bevorzugte. Wie wichtig war ihm doch die gemeinsame Zeit alleine mit mir als Mutter.

Wenn ich für unsere Kinder einen Adventskalender bastle, bedenke ich dabei die verschiedenen Liebessprachen. Daniel findet dann zum Beispiel einen Gutschein über einen Besuch auf dem Weihnachtsmarkt ganz alleine mit Mama, während Andreas, dessen Muttersprache Hilfsbereitschaft ist, beim Öffnen des Adventskalenders lesen kann: »Ich helfe dir, Ideen für Weihnachtsgeschenke zu finden und sie zu besorgen.«

Die Säuglinge und Kleinkinder haben meistens keinen Mangel an dieser Liebessprache, da die regelmäßigen Tätigkeiten wie Füttern, Waschen, Wickeln und Anziehen qualitativ wertvolle Zeiten sind und Kinder automatisch im Mittelpunkt stehen. Erst, wenn das Kind größer wird, verlangt Zuwendung mehr Einsatz und Fantasie.

»Papa, ich will keine großen Unternehmungen mit dir machen. Ich möchte einfach mal, dass du mir zuhörst. Du kennst mich gar nicht, weißt nicht, welche Schuhgröße ich habe, wie meine Freunde heißen, was mich beschäftigt und dass ich schon seit eineinhalb Jahren eine feste Zahnspange trage.«

Könnte Ihr Sohn diese Sätze auch zu Ihnen gesagt haben? In vielen Familien würden die Kinder eher den Fernseher als den Vater vermissen. Kennen Sie Ihre Kinder und wissen Sie durch welche Prozesse sie gerade gehen?

Wie gestalten Sie die Zubettgehzeit? Gehen Sie ab und zu mal zusammen spazieren? Lesen Sie auch einmal ein Buch vor?

In meinem Elternhaus habe ich die Angewohnheit sehr genossen, nach dem Essen mit meiner Mutter ein Scrabble oder einmal Kniffel zu spielen, bevor sie ihre Mittagsruhe hielt und ich an die Hausaufgaben ging. Drei meiner Söhne spielen auch besonders gern und so ist es nicht verwunderlich, dass dieses Ritual schon an die nächste Generation weitergegeben wurde. Zurzeit spielen wir meistens das Denkspiel Boggle oder lösen zusammen ein Kreuzworträtsel. Beides dauert nicht so lange, aber es hilft, mal in eine ganz andere Welt abzutauchen, bevor man wieder an eine Arbeit geht. Was würden Sie gerne nach dem Essen mit Ihren Kindern spielen?

Was könnten Sie sich vorstellen, mit Ihren Kindern einmal allein zu unternehmen? Eine Kurzreise, einen Fahrradausflug, eine Übernachtung im Zelt, einen Ausflug in den Zoo? Genießen Sie doch mal gemeinsam die Vorfreude auf ein Fußballspiel der Lieblingsmannschaft Ihres Kindes.

Geschenke

»Mein Fünfjähriger liebt Mitbringsel über alles. Aber aus Angst, ihn zum Materialisten zu erziehen, habe ich es mir abgewöhnt, ihm öfters mal eine Kleinigkeit mitzubringen«, erzählt Julia bei einem Geburtstagsfrühstück. »Wie geht er denn mit den Geschenken um?«, frage ich Julia. »Geschenke bedeuten ihm sehr viel. Er geht sorgfältig mit ihnen um, weiß bei jedem Gegenstand, von wem und zu welchem Anlass er sie bekommen hat, und wenn sein Bruder ihm etwas kaputt macht, ist er untröstlich.«

Dieses Verhalten ist typisch für Kinder, die gerne beschenkt werden. Dabei kommt es nicht auf die Größe der Geschenke an, ihnen ist wichtig, dass jemand an sie denkt. Nie würden sie ein Geschenk einfach so weiterschenken oder dem Geber sogar zurückschenken. Andere Kinder haben auch gerne Geschenke, aber schon nach kurzer Zeit liegen die Geschenke in einer Ecke. Sie gehen unachtsam damit herum, treten drauf, räumen sie nicht auf und wissen schon nach kurzer Zeit nicht mehr, von wem sie sie bekommen haben.

Kinder, die gerne beschenkt werden, blühen auf, wenn sie spüren, dass sich jemand Mühe gegeben hat, Geschenke auszusuchen, sie kostbar zu verpacken und sich genau zu merken, was sie sich gewünscht haben.

Meine Tochter bat einmal: »Bring uns doch auch einmal etwas aus der Stadt mit so wie andere Mütter.« »Wie soll das denn bei sieben Kindern gehen?«, fragte ich sie. »Mama, es muss doch nicht viel sein, ein Kaugummi oder so, einfach, dass du an mich gedacht hast.« So

schenkt mein Mann ihr mal eine Rose, ich lege ihr etwas aufs Kopf-kissen oder schreibe ihr etwas auf den Spiegel, schicke ihr ein Karte, alles wird von ihr als Liebesbeweis verstanden.

Andere merken gar nicht, dass da ein Kaugummi liegt und schlafen womöglich darauf ein oder sie vergessen, sich zu bedanken. Kinder sind sehr sensibel, ob Geschenke wirklich Ausdruck der Liebe sind oder eher einer Bezahlung gleichkommen und ein Ersatz für Zeit sind. Manchmal weisen Kinder dann Geschenke auch zurück.

Ganz schwierig ist es, wenn ich Geschenke an Wohlverhalten kopple oder das Geschenk als Bestrafung für Fehlverhalten einfach wieder an mich nehme. Es kann Kinder verwirren, wenn ich dann sage: »Es tut mir leid, dass ich es dir geschenkt habe. Du bist nicht würdig oder du hast es nicht verdient.«

Hilfsbereitschaft

Wie reagiert ein Kind, wenn seine Muttersprache Hilfsbereitschaft ist und Sie keine Zeit haben, ihm zu zeigen, wie man eine Schleife am Schuh zubindet, ihm die Vokabeln abzufragen oder die Hausaufgaben nachzuschauen? Es fühlt sich ungeliebt. Ein Kind mit einer anderen Muttersprache sagt vielleicht: »Kein Problem, dann versuche ich es eben selbst.« Mutter und Vater sind zusammen in vielerlei Hinsicht ein Dienstleistungsunternehmen. An dem Tag, als Sie erfahren haben, dass Sie schwanger sind, haben Sie quasi einen Arbeitsvertrag unterschrieben – mindestens für die nächsten 18 Jahre. Dienen ist anstrengend, körperlich und seelisch, und es gibt, glaube ich, niemanden, der dabei nicht öfters an seine Grenzen kommt.

Die erste italienische Ärztin Maria Montessori prägte in ihrer Pädagogik den Satz: »Hilf mir, es selbst zu tun.«[29] Unsere Unterstützung sollte stets Hilfe zur Selbsthilfe sein. Außerdem war Maria Montessori wichtig, dass sich Kinder eine geordnete Umgebung als Bedingung für gesundes Lernen schaffen. »Ordne deine Umgebung, ordne dich selbst und dann fang an.« Dies ist ein zweiter Schlüsselsatz ihrer Erziehung, den wir in der Montessori-Grundschule, auf die unsere Kinder gingen, sehr oft von Lehrerseite aus hörten.

Das sind zwei Leitsätze, die ich in meine Erziehung übernommen habe und nach denen ich selbst auch lebe. Bevor ich in der Küche einen Kuchen backe, räume ich das Mittagsgeschirr in die Spülmaschine. Das sehen die Kinder und ich helfe ihnen, auch danach zu handeln.

»Hilf mir, es selbst zu tun. Ordne deine Umgebung, ordne dich selbst und dann fang an.«
Maria Montessori

Wenn ein Kind mit der Muttersprache Hilfsbereitschaft Sie bittet: »Hilf mir beim Erledigen der Hausaufgaben oder das Fahrrad zu reparieren«, dann ist es sehr wichtig, dass Sie sich die Zeit dafür nehmen. Ansonsten fühlt sich Ihr Kind nicht geliebt. Vielleicht haben Sie es dann zur Selbstständigkeit erzogen, aber es hat nie das Gefühl gehabt: »Meine Eltern haben mir geholfen.«

Wenn wir allerdings alle Gefälligkeiten erfüllen und allen Ansprüchen nachgeben, dann erziehen wir kleine Egoisten, die niemals richtig erwachsen werden.

Wie heißt die Muttersprache der Liebe Ihres Kindes?

Haben Sie schon die Liebessprache Ihres Kindes entdeckt? Vielleicht hilft auch die Vorstellung, dass Kinder einen Liebestank besitzen, so wie Autos einen Kraftstofftank, der regelmäßig befüllt werden muss. Das Auffüllen geht am schnellsten mit der dem Kind eigenen Muttersprache der Liebe. Helfen Ihnen nachfolgende Fragen?

- ♦ Worum bittet Ihr Kind am häufigsten?
- ♦ Wie können Sie den Liebestank Ihres Kindes am schnellsten auffüllen?
- ♦ Worüber beklagt sich Ihr Kind am häufigsten?

Die Antworten können Hinweise auf die Muttersprache der Liebe geben. Allerdings weisen Chapman/Campbell[30] darauf hin, dass man bei Kindern unter fünf Jahren noch keine eindeutigen Aussagen über die Liebessprachen machen könne. Außerdem warnen Sie davor zu denken, dass bei vollem Liebestank keine Probleme und Schwierigkeiten mehr auftreten würden.

Auch wenn es eine Muttersprache der Liebe gibt, auf die ein Mensch am meisten reagiert, braucht ein Kind alle fünf Sprachen. Deshalb sollten wir nicht nur eine sprechen.

Liebessprachen können sich auch im Laufe des Lebens ändern. Als Vorschulkind brauche ich vielleicht am meisten Ermutigung, als Schulkind Hilfe und als Teenager Zärtlichkeit. Manchen sind auch zwei Muttersprachen der Liebe gleich wichtig. Interessant ist folgende Beobachtung: Kinder möchten zwar, dass man ihnen hilft – ihre Muttersprache wäre dann Hilfsbereitschaft –, sie selbst aber sprechen die Sprache Geschenke, wobei ihnen die Geschenkideen nicht auszugehen scheinen.

Auch als Ehepaar kann man sich mit den Liebessprachen beschäftigen. Die Eheatmosphäre kann sich sehr zum Positiven wenden, was wiederum den Kindern zugute kommt. Denn das Beste, was wir unseren Kindern geben können, ist ein Elternhaus, in dem sich Mama und Papa verstehen und lieben.

Suchen Sie nicht krampfhaft nach den Liebessprachen. Die Lehre davon ist nur *ein* Werkzeug, um in der Familie zu erkennen, warum Liebe scheinbar nicht ankommt. Wenn sich alle geliebt fühlen, braucht man das Instrument nicht.

Wer liebt, wird
- andere Menschen als Geschenke sehen.
- andere Menschen nicht benutzen.
- anderen etwas gönnen.
- anderen etwas schenken.
- anderen helfen.

Manches Kind fühlt sich von seinen Eltern nicht geliebt, obwohl es materiell gut versorgt wird, vielleicht weil …
- die Mutter es nicht lobt.
- es nicht auf dem Schoß des Vaters sitzen darf.
- die Mutter nie beim Fußballspiel auf der Tribüne sitzt, obwohl das Kind mitspielt.
- der Vater nie bei den Hausaufgaben hilft, obwohl das Kind darum bittet.
- die Mutter nicht gerne Gesellschaftsspiele spielt.

Gary Chapman und Ross Campbell[31] beschreiben in ihrem Buch folgende fünf Sprachen der Liebe:
- Zärtlichkeit
- Lob und Anerkennung
- Zweisamkeit – Zeit nur für dich
- Geschenke
- Hilfsbereitschaft

Wie heißen die Liebessprachen Ihrer Kinder? (Bitte keine Einteilung vor dem fünften Lebensjahr.)
- Worum bittet Ihr Kind am häufigsten?
- Wie können Sie den Liebestank am schnellsten auffüllen?
- Worüber beklagt sich Ihr Kind am häufigsten?

Kapitel 5
Was Kinder auslösen

Wären Sie gerne Ihr Kind?

In dem Film »Zeiten des Aufruhrs« von Sam Mendes mit Kate Winslet als April und Leonardo DiCaprio als Frank, der 2009 in die Kinos kam, gibt es eine Szene, in der ein Geisteskranker dem Ehepaar Wheeler vor Augen hält, dass man die Kälte zwischen ihnen deutlich spüren könne. Kurz bevor er den Raum verlässt, sagt er zu April, die ungewollt zum dritten Mal schwanger geworden ist: »Über eins bin ich froh, das ich nicht Ihr Kind bin.«

Ich weiß nicht, ob Sie sich auch schon mal mit dieser Frage beschäftigt haben. Für mich sind diese Gedanken immer wieder wachrüttelnd, wie ein Warnschild: »Achtung, pass auf, behandle dein Kind so, wie du gerne behandelt werden möchtest.«

Waren Sie gerne das Kind Ihrer Eltern? Wenn Sie diese Frage mit »Ja« beantworten können, dann haben Sie ein sehr gutes Fundament für Ihre eigene Kinder-erziehung. Wenn Sie diese Frage mit »Nein« beantworten, dann denken Sie bitte an Paare oder auch Einzel-personen, die Elternersatz für Sie waren: Großeltern, Paten, Freunde der Eltern oder Eltern von Klassenkameraden, Paare in der Kirche oder einem Verein.

> Ihre Reaktion auf das Erlebte prägt Ihr Leben mehr als das, was Sie erlebt haben.

Es tut Ihnen nicht gut, ein Leben lang über das zu klagen, was Sie nicht gehabt haben. Es gibt eine Zeit zu trauern, aber dann muss man sich mit der Vergangenheit versöhnen, wenn man glücklich werden will. Ihre Reaktion auf das Erlebte wird Ihr Leben mehr prägen als das, was Sie erlebt haben. Es kommt der Tag, an dem man Verantwortung für sein Leben übernehmen und das Beste daraus machen muss.

Vielleicht sind Ihre schlechten Startbedingungen ins Leben heute sogar die Basis für Ihre ehrenamtliche Tätigkeit oder Ihren Beruf.

In diesem Zusammenhang hat mich die Geschichte von Bettina Ratering[32] sehr bewegt. Sie wurde 1965 von einer 14-jährigen Prostituierten auf der Reeperbahn geboren. Mit zwei wird sie missbraucht, mit fünf erfahren die Behörden zum ersten Mal von ihrer Existenz und sie wird zu Pflegeeltern gegeben. Mit 15 reißt sie dort aus, sucht ihre Mutter, die sie aber nicht aufnehmen will, und gerät selbst in den Kreislauf von Drogen und Prostitution. Mit 18 Jahren bekommt sie Kontakt zu Christen, wird durch den christlichen Glauben frei von Drogen, geht auf eine Bibelschule und arbeitet heute gemeinsam mit ihrem Mann in einem Therapiehaus für junge suchtgefährdete Männer. »Wahrscheinlich kann die Sorgen und Ängste der Betroffenen kein Zweiter so gut nachvollziehen wie sie«, schreibt Willy Seelaus.

Spiegelbilder

Kennen Sie den Satz: »Der Apfel fällt nicht weit vom Stamm«? Tröstet Sie dieser Satz oder setzt er bei Ihnen Ängste frei?

Als ich dem Klassenlehrer unserer Tochter in der zehnten Klasse mein Herz ausschüttete, da sie keine Idee hatte, welchen Beruf sie mal wählen sollte, sagte er für mich total entwaffnend: »Frau Horn, sie ist doch Ihre Tochter. Sie wird ihren Weg schon finden. Auch wenn sie jetzt noch nicht weiß, was sie machen soll. Ich wusste es mit 16 Jahren auch nicht. Lassen Sie ihr Zeit.«

Kinder zeigen uns durch ihr Verhalten unsere eigenen Fehlhaltungen und Schwächen auf.

Auf der einen Seite kann die Herkunft der Kinder trösten, auf der anderen Seite steigen aber vielleicht auch Ängste auf, weil man gerade die Ähnlichkeit der Reaktionen kaum ertragen kann und auch um die Gefahren dieser Haltungen und Schwächen aus eigener Vergangenheit nur zu gut weiß. Oft ist man gerade mit den Kindern, die einem am ähnlichsten sind, am unbarmherzigsten.

Kinder sind Spiegel, in die wir schauen und uns selbst erkennen. Kindererziehung scheint keine Einbahnstraße zu sein, bei der wir Erwachsenen wissen, wie's geht, sondern eher eine Wechselwirkung. Erziehen wir uns nicht gegenseitig?

Maria mahnt ihren Sohn Max seinen kleinen Bruder nicht so anzuschreien, nur weil er ihm sein Legoauto auseinandergenommen hat. Daraufhin schießt Max zurück: »Dann darfst du mich aber auch nicht mehr anschreien.« Nachdem sich Maria von ihrem Schock erholt hat, setzt sie sich neben Max und sie versprechen beide, an sich zu arbeiten. Sie wollen jeden Tag Buch führen und sich gegenseitig helfen, mit ihrer Wut besser umzugehen.

Manche sagen auch, dass man sowieso beim anderen nur das erkennt und moniert, was man selbst als Schwäche hat.

Als meine dreijährige Tochter in Gegenwart meiner Patentante einen Wutausbruch bekommt und ich sie gerade dafür tadeln will, höre ich ihren entwaffnenden Kommentar: »Ganz wie die kleine Ute.« »Wie meinst du das?«, schaue ich sie entgeistert an. »Du konntest dich auch auf den Boden werfen, wenn du etwas nicht wolltest oder wenn du etwas nicht bekamst, was du wolltest. Ich kann mich noch sehr gut an folgende Szene erinnern: Ich wollte mit dir über die Straße gehen. Auf einmal hast du dich von der Hand losgerissen und geschrien: ›Tante Ruth, bleib doch mal stehen, ich habe so viel Nupfen in der Nase.‹ Wehe, wenn ich dann nicht sofort reagiert habe, dann konnte es passieren, dass du dich mitten auf die Straße geworfen hast.« Mit meinen 32 Jahren hatte ich ganz vergessen, dass ich als Kind wohl nicht ganz einfach und sehr willensstark war.

Wenn Sie nicht souverän und geduldig erziehen können, ist das oft ein Zeichen, dass es auch etwas mit Ihnen zu tun hat.

- ◆ Regen Sie sich ständig und lautstark über die Unordnung Ihres Sohnes auf? Dann frage ich Sie: »Wie sieht Ihr Schreibtisch aus? Haben Sie Ordnung bei den Papieren, der Steuererklärung, im Haushalt, im Keller und in Ihren Schränken? Sind Sie ein Vorbild für Ordnung?«
- ◆ Und wenn Sie sich darüber erhitzen, dass Ihre Tochter unzuverlässig ist, dann wäre die Frage erlaubt, wie oft Sie »gleich« sagen und es dann vergessen? Halten Sie Ihre Versprechen?

Hatten Sie nicht zugesagt, Ihre Schwiegereltern regelmäßig zu besuchen, der Klassenkameradin zu schreiben, den Geburtstag des Patenkindes nicht zu vergessen?

- ◆ Und eine letzte Situation, die oft zu Streitpunkten führt: Wenn Ihr Kind faul in der Schule ist, nur das Nötigste tut, die Hausaufgaben nicht macht, dann würde ich gerne mal Ihre Eltern nach Ihrer Schulzeit befragen. Darf ich mir mal Ihre Zeugnisse ansehen, wie waren Ihre Noten und vor allem, was schrieben die Lehrer über Ihr Verhalten?

»Was soll ich nur mit Annette machen. Sie ist immer so schüchtern, beteiligt sich in der Schule nicht am Unterricht und bekommt in mündlicher Mitarbeit immer schlechtere Noten als im Schriftlichen«, klagt eine Mutter. Ich frage vorsichtig nach. »Wie waren denn Sie als Kind?« Die Mutter errötet. »Ich habe erst in der Lehre gelernt, etwas zu sagen. Vorher hatte ich immer Angst mich zu blamieren. Selbst wenn ich es wusste, habe ich mich nicht gemeldet. Es hätte ja falsch sein können.«

Oft sind wir besonders streng mit unseren Kindern, wenn sie das gleiche Fehlverhalten und die gleichen Schwächen haben.

Schreien Sie Ihr Kind an, weil es eine Fünf in Mathematik nach Hause gebracht hat, obwohl Sie auch blaue Briefe in Mathematik bekamen? Sind Sie sauer auf Ihren Sohn, weil er nur das Minimallernprogramm absolviert, obwohl Sie selbst auf dem zweiten Bildungsweg das Abitur nachholten? Haben Sie wenig Verständnis dafür, dass Ihre Tochter das Vokabellernen schleifen lässt, obwohl Sie in Französisch und Englisch auch immer nur das Nötigste getan haben? In Gesprächen mit Eltern bin ich immer wieder überrascht, wie wenig sie damit rechnen, dass Ihre Kinder ihnen ähneln.

Kinder ähneln oft ihren Eltern in Stärken und Schwächen.

Durch Kinder und ihr Verhalten werden Saiten in uns zum Klingen gebracht, deren Töne wir schon längst vergessen oder verdrängt haben. Oft reagieren wir auf das Zupfen der Saiten mit überschießenden Reaktionen. Manchmal verstehen wir uns selbst nicht und finden unser Verhalten auch im Nachhinein nicht als angemessen. Irgendjemand hat in eine alte Wunde gestoßen, die geschlossen schien und jetzt wieder aufbricht. Es tut weh. Wenn ich jetzt den Mut habe, nachzuspüren, hinzufühlen, ehrlich zu sein, bin ich auf dem guten Weg, als Erwachsener Licht in die Sache hineinzubringen, sodass Heilung und Vergebung geschehen kann. Warum schließen wir so selten von dem Kind auf uns? Zum einen liegt das vielleicht daran, dass wir vieles aus der Kindheit vergessen haben. Bis zum dritten Lebensjahr haben wir so gut wie keine Erinnerung.

Als ich klein war, habe ich meiner Mutter einmal gesagt: »Ich werde niemals meine Kinder zwingen, einen Mittagsschlaf zu machen.« Doch als ich selbst Mutter war, waren meine »guten« Vorsätze vergessen. Erst als meine Mutter zu Besuch kam und schmunzelnd meine Kämpfe um den Mittagsschlaf mitbekam, erinnerte sie mich an meine Festlegung als Zweijährige. Ich hatte sie wieder vergessen.

Vor dem dritten Lebensjahr erinnern wir uns an etwas, wenn das Erleben mit starken Emotionen verknüpft ist. Auch später bleiben eher solche emotionsgeladenen Erlebnisse in Erinnerung. Scham spielt dabei eine sehr große Rolle, aber auch Wut und Hass sowie die guten Gefühle Liebe, Freude und Angenommensein.

Ich bin in der vierten Klasse von meinem Klassenlehrer und Rektor der Schule so geohrfeigt worden, dass seine Hand in rot auf meiner Wange abgebildet war. Direkt nach dem Vorfall war Pause und ich musste auf den Hof. Dieses Gefühl der Scham hat mich lange begleitet. Ich hatte nicht gehorcht, als er mehrmals sagte, dass wir die Klassenarbeit nun abgeben müssten. So stand er auf einmal vor mir, zog mich nach oben und schlug mir ins Gesicht. Meine Eltern haben davon nie erfahren und auch sonst habe ich es nicht erzählt. Noch Jahre später bekam ich Herzrasen, wenn ich diesen Mann sah.

Vieles wollen wir auch nicht mehr wahrhaben. Viele Vorkommnisse verdrängen wir aus Schamgefühl. Doch wenn unsere Kinder ähnliche Dinge erleben, dann kommt die Erinnerung wieder hoch.

»Ich liebe alle Kinder gleich, aber das Kind, mit dem ich am meisten Schwierigkeiten habe, das ist mir am ähnlichsten«, stellt Klaus in einem Gespräch fest.

Sollten wir nicht mit uns selbst und unseresgleichen am barmherzigsten sein? Ehe und Familie ist oft eine besondere Herausforderung. Nirgendwo ist man so verletzend ehrlich miteinander.

Kinder rufen unsere Baustellen hervor und zeigen uns, wo wir in unserer Persönlichkeit noch nicht reif sind. Sie legen den Finger auf unsere Disziplinlosigkeit, Inkonsequenz, Sehnsüchte bis zu unseren Süchten, unser Versagen in der Schule, längst überwunden geglaubten Ängste und unser Verhalten den eigenen Eltern gegenüber. Unsere eigene Inkonsequenz und mangelnde Disziplin werden gnadenlos als Joker gegen uns ausgespielt. Was wird Ihr Kind denken, wenn es dreimal täglich die Zähne putzen soll, Sie es aber nur abends machen? Welche Autorität hat die Mutter, es durchzusetzen, dass Kinder Fahrradhelme tragen, wenn sie es liebt, dass der Wind beim Fahren durch ihr Haar weht? Wie glaubwürdig ist der Vater in seiner Aussage, dass Rauchen die Gesundheit gefährdet, wenn er selbst jeden Mittag eine Zigarette anzündet?

> »Ich dachte immer, ich sei ein friedfertiger Mensch, bis ich heiratete und Kinder bekam.«

Kindheitserinnerungen

In letzter Zeit gibt es viele Bücher zu dem Thema: »Das Kind in mir«. Dabei geht es darum, dass viele Erfahrungen, die wir als Kind gemacht haben, uns immer noch beeinflussen. Sie sind im Unterbewusstsein und kommen zu passender, aber leider auch zu unpassender Gelegenheit wieder hoch.

> Kindererziehung ist ein Vorrecht, weil es uns noch einmal Anschluss gibt an das kleine Kind in uns, das wir einmal waren.

Da fragt sich eine junge Frau, warum sie Panik bekommt, wenn ihre Mutter krank wird und ins Krankenhaus muss. Es geht ihr auch bei kleinen Eingriffen so. Ihr Verstand sagt, dass sie keine Angst haben müsse, aber ihre Gefühle spielen verrückt. Im Gespräch kommt heraus, dass die Mutter wegen eines durchgebrochenen Magengeschwürs in ihrer Kindheit beinahe gestorben wäre und sie mehrere Jahre immer wieder erleben musste, dass die Mutter wegen Magengeschwüren im Bett oder auch in der Klinik lag. Es fällt ihr auch unheimlich schwer, andere Menschen im Krankenhaus zu besuchen.

Schon das Bewusstmachen, dass aus kindlichen Erfahrungen diese diffusen Ängste werden können, kann helfen, damit anders umzugehen.

Wenn Kinder kommen, können die zwiespältigsten Gefühle auftreten.

Wenn Sie in der Kindererziehung unangemessen reagieren, ist die Frage nach Erlebnissen aus der Kindheit sehr hilfreich.

Mangel in der eigenen Kindheit

◆ ... kann Neid auslösen

Ein Mann erzählte, dass er neidisch auf seine Kinder sei: über die Möglichkeiten, die sie heute hätten, ins Ausland zu gehen. Andere Eltern verbieten aus irrationalen Gründen den Beitritt in einen Badmintonverein, verstehen sich selbst nicht dabei und stellen hinterher fest, dass die eigenen Eltern das auch verhindert hatten. Oder ich denke an die Mutter, die oft abends am Bett ihrer Kinder steht und allen Schmerz über ihre Kindheit herausweint, weil ihr auf einmal bewusst wird, wie wenig Liebe ihr doch in die Wiege gelegt worden ist.

◆ ... kann Druck auf Kinder auslösen

»Ich wäre so gerne ein Jahr ins Ausland gegangen. Aber meine Eltern haben das nicht gewollt. Sie hatten auch kein Geld dafür und hielten es für überflüssig«, sagt Beate. »Aber meine Tochter wird die Klasse 11 in Amerika machen, dafür spare ich jetzt schon.«

Eltern sind von ihrer eigenen Schul- und Ausbildungszeit tief geprägt. Diese Gefühle von Ohnmacht, Abhängigkeit, Versagen und Scham sitzen tief und prägen unterbewusst unser heutiges Handeln und auch unsere Kindererziehung. Nach dem Motto: »Meine Kinder sollen es besser haben« versuchen sie alle Fehler, die man an ihnen gemacht hat, auszubügeln. Nun erfüllen sie sich die eigenen Wünsche über die Kinder. Es ist fast so, als ob man als Erwachsener noch mal Position gegen die eigenen Eltern bezieht. Jetzt hat man die Kraft und Macht dazu. Jetzt hat man das Gefühl, alles besser zu machen, und merkt oft nicht, dass man auf der anderen Seite vom Pferd fällt. »Hilf mir meinen und nicht deinen (schon verloren geglaubten) Weg zu gehen«, könnte uns so manches Kind zurufen, denn viele Eltern verwirklichen sich und ihre Wünsche durch ihre Kinder.

Drei Ich-Zustände

In der Psychologie spricht man von drei Ich-Zuständen[33], die wir in uns tragen: das Eltern-Ich, das Erwachsenen-Ich und das Kinder-Ich.

Eltern-Ich

Das Eltern-Ich (EL) übernimmt Verhaltensweisen von Eltern, Lehrern und anderen Autoritätspersonen und wird von der erlebten Erziehung, den Traditionen und Werten, der Ethik und dem Gewissen beeinflusst.

Weil Sie als Kind von zu Hause aus ein bestimmtes Verhalten lernten, geben Sie es unreflektiert an die nächste Generation weiter. Vielleicht mussten Sie den Eltern immer sofort Bescheid geben, wenn Sie mit Bus und Bahn unterwegs waren. Also bitten Sie ihren achtjährigen Jörg, von der Klassenfahrt aus anzurufen, dass er gut angekommen ist. Welche Familienregeln haben Sie übernommen, ohne groß darüber nachzudenken, ob sie sinnvoll sind? Gibt es darüber mit Ihrem Ehepartner öfters Streit, weil er andere Prägungen in seinem EL gespeichert hat? Es lohnt sich, dem einmal nachzugehen und dann im Erwachsenen-Ich zu entscheiden, welche Erziehung Sie gemeinsam weitergeben wollen.

Oft kopieren wir die Erziehung unserer Eltern oder wir lehnen Erfahrungen aus unserer Kindheit total ab und versuchen sie unseren Kindern zu ersparen. Doch zu unserer großen Überraschung sind unsere eigenen Kinder damit auch nicht zufriedener.

Eine Freundin erzählte, dass ihre Eltern ihr als Achtjähriger in den Ferien jeden Tag ein anderes Museum zeigten. Sie hätte das so furchtbar gefunden, dass sie ihren Kindern nie zumutete, in ein Museum zu gehen. Interessanterweise haben ihre Kinder ihr später dann vorgeworfen, dass sie so wenig kulturelle Bildung im Elternhaus durch Museumsbesuche erhalten hätten.

Ist es unser Schicksal, dass wir es uns gegenseitig nur schwer recht machen können?

Erwachsenen-Ich

Das Erwachsenen-Ich (ER) verarbeitet mit den fünf Sinnen Tatsachen und Informationen aus unserer Umgebung und zieht logische Schlüsse, ohne Gefühle und Stimmungslagen zu berücksichtigen, die Konsequenzen für das Handeln haben.

Das ER kann Traditionen aus dem EL nachprüfen und ändern. Im ER sagen Sie sich vielleicht: Jörg ist auf Klassenfahrt, aber er muss nicht anrufen. Ich kann es aushalten, wenn er sich nicht meldet. Die Wahrscheinlichkeit, dass etwas passiert, ist gering. Er ist unter Aufsicht der Klassenlehrer und wenn sich doch ein Unfall oder eine Panne ereignet, werde ich informiert. Ich verzichte auf diese Zusatzinformation und helfe meinem Kind, nicht als Muttersöhnchen abgestempelt zu werden.

Kinder-Ich

Im Kinder-Ich (K) finden wir Wünsche, Bedürfnisse und Gefühle wie Schmerz, Trauer, Eifersucht, Angst, Sehnsucht, Glück, Begeisterung und Liebe. Das Kinder-Ich ist ein aus der Kindheit beibehaltenes Verhaltensmuster. Rüdiger Rogoll[34] schreibt in seinem Buch: »Nimm

»Das Kind in mir« beeinflusst mein Handeln am meisten.

dich, wie du bist«, dass das Kinder-Ich die meiste Macht über uns besitzt und somit unsere Handlungen maßgeblich beeinflusst.

Machen Sie sich auf die Suche nach dem kleinen Kind in Ihnen und erinnern Sie sich an die Kindergarten- und Schulzeit.

Zwei häufig anzutreffende Streitpunkte in Familien werde ich kurz beleuchten: den Umgang mit Hobbys und das Essen. Die Prägungen der Kindheit in diesen beiden Bereichen beeinflussen massiv meinen heutigen Umgang damit.

Streitpunkt Hobby

»Meine Eltern sind jedes Wochenende mit uns wandern gegangen, obwohl wir lieber zu Hause geblieben und gelesen hätten«, erzählt

Sonja. »Meinen Kindern erspare ich solche Bergtouren. Ich werde sie nie zu Wanderungen zwingen.«

Machen Sie in der Freizeit das, was Sie wollen, und verkaufen Sie es vielleicht noch als Mogelpackung an die Kinder mit den Worten: »Das mache ich doch nur für euch, damit Ihr an die frische Luft kommt«? Viele Eltern sind so mit ihrem Hobby »verheiratet«, dass sie gar nicht auf die Idee kommen, dass es anderen keinen Spaß machen könnte. Oft ist daran leider auch ein Perfektionismus geknüpft. Die Eltern üben das Hobby nun schon 15 Jahre aus und erwarten, dass ihre Kinder genauso begeistert sind und alles schnell erlernen und genauso machen, wie es vorgegeben wird. Unglücklicherweise schalten Kinder bei Kritik gerne auf stur, schmollen und wollen dann gar nicht mehr, während die Eltern oft im Tonfall schon zum Ausdruck bringen, wie blöd sich das Kind anstellen würde. Selten haben Eltern das nötige Feingefühl und die Geduld, Kindern das eigene Hobby nahezubringen.

Ganz schwierig wird es dann, wenn Gastkinder oder Freunde der Kinder das Hobby gut finden und begeistert z. B. im Motorboot mitfahren und sich auch noch bedanken. Dann können Kinder schon mal hören:»Andere Kinder hätten gerne Eltern, die im Motorbootclub sind und ein Boot an der Maas liegen haben. Nur du bist so undankbar.« Manchmal ist es aber auch die ständige Präsenz des Hobbys. Wenn sich die Eltern ein Motorboot gekauft haben, verbringen sie auch fast jedes Wochenende darauf und auch noch alle Ferien, da sich das gute Stück ja amortisieren muss. Ist es da ein Wunder, dass Kinder auch mal etwas anderes als Wasser sehen wollen? Das, was man immer hat, verliert irgendwann seinen Reiz. Das ist eine Zwickmühle, aus der man nur sehr schlecht herauskommt.

Haben Sie schon ein Familienhobby gefunden? Es gibt Familien, in denen alle Tischtennis oder Tennis spielen oder gerne Musik machen und nicht nur an Weihnachten gemeinsam musizieren. Andere haben viel Spaß bei Gesellschaftsspielen.

Streitpunkt Essen
Muss Ihr Kind lernen, von allem zu probieren, was Sie kochen?

Darf Ihr Kind sagen: »Das mag ich aber nicht«? Unsere Meinungen gehen da sehr weit auseinander.

»Wie oft habe ich mittags vor einem angefangenen Teller gesessen und durfte erst aufstehen, als alles aufgegessen war«, klagte Hans. »Eigentlich wurde es immer schlimmer. Denn das Essen schmeckte warm schon nicht, aber kalt war es das reinste Brechmittel. Immer wieder gab es Dinge, die ich nicht mochte, z. B. Apfelmichel mit Vanillesoße, das sind in Milch eingeweichte Brötchen mit Apfelmus im Ofen überbacken. Meine Geschwister mochten das so gerne, aber ich musste immer würgen, wenn ich nur daran dachte. Wie kann man nur so unbarmherzig sein. Meine Kinder dürfen alles stehen lassen. Niemals werden sie etwas essen müssen, was sie nicht mögen.«

Es ist sehr hilfreich, das eigene Verhalten mal zu analysieren, Gefühle aus der Kindheit zuzulassen und dann neue Entscheidungen aus dem Erwachsenen-Ich zu treffen.

Ahnenforschung

Haben Sie schon einmal darüber nachgedacht, was Ihre Großeltern und Eltern eigentlich für Menschen waren oder sind? Wie ihre Kindheit verlief, welche Sehnsüchte sie damals hatten, welche Erfolge sie feierten, welche Misserfolge sie prägten? Ich bin immer wieder erstaunt, wie wenig wir über die Menschen wissen, mit denen wir teilweise jahrelang auf engstem Raum zusammenleben. Welche Berufswünsche hatten die Großeltern? Durften sie das werden, was sie wollten? Oder mussten sie den elterlichen Hof übernehmen? Wie haben sich die Eltern kennengelernt? Waren sie in den gegenseitigen Elternhäusern willkommen oder wurden sie abgelehnt? Welche Gaben und Fähigkeiten kann ich als Segenslinien in meinem Leben entdecken? Es war einer meiner schönsten Abende, als ich zu meinen Eltern fuhr und sie nach ihrem Leben und dem Leben der Großeltern ausfragte. Keine peinlichen Fragen, keine Vorwürfe, kein Infragegestelltwerden, sondern nur ehrliches Interesse am anderen. Und man erfährt erstaunliche Dinge.

Ich konnte immer schon gut organisieren und stellte fest, dass mein Großvater wohl auch dieses Talent besessen haben musste, denn er war Mitbegründer des Roten Kreuzes in der Stadt, in der er lebte. Auch bei meiner Mutter fand ich diese Gabe wieder. Am erstaunlichsten war, dass meine Eltern beide früher auch Aufklärungsunterricht gehalten haben. Mein Vater gab Sexualkunde bei Krankenschwestern in der Ausbildung und meine Mutter im Biologieunterricht der Grundschule. Das wusste ich alles nicht. Sie hielten es für nicht so wichtig, davon zu erzählen. Ist es da verwunderlich, dass ich in Schulen und Gemeinden mit Jugendlichen über Freundschaft, Liebe und Sexualität spreche? Auch die Gabe zu formulieren konnte ich bei Vorfahren entdecken. Mütterlicherseits habe ich einen Urgroßvater, der Literaturprofessor war. Ist da meine Gabe, Bücher zu schreiben, begründet? Am auffallendsten war allerdings die Menge an Medizinern bei den Vorfahren: mein Großvater mütterlicherseits, meine Mutter, eine Tante und mein Vater. In der nachfolgenden Generation geht es auch schon wieder weiter, da zwei unserer Söhne den Arztberuf anstreben und in der Familie meines Mannes auch viele Ärzte zu finden sind.

Als unser Sohn nicht wusste, was er werden wollte, sagte ich zu ihm: »Schau dir dein Erbe an. Du musst kein Arzt werden, aber schau dir den Beruf wenigstens mal zwei Wochen lang an.« Viele von uns entscheiden sich aus dem Bauch heraus: »Ich wähle auf gar keinen Fall den gleichen Beruf wie mein Vater« kann durch eine Ablehnung des Vaters begründet sein oder durch ein vielleicht in den Augen des Kindes abschreckendes Beispiel der Alltagsbelastung durch den Beruf. Vielleicht war der Vater oft wegen Fortbildungsveranstaltungen abwesend, wurde im Dienst immer wieder gerufen oder erzählte einprägsam, wie schwer der Arztberuf sei, und so reifte in dem Kind die Festlegung: »Auf gar keinen Fall.« Umgekehrt kann es sein, dass sich ein Vater sehr stark wünscht, dass das Kind in die gleichen Fußstapfen tritt und das Kind diese Botschaft verinnerlicht.

Beide Reaktionen sind nicht gut, weil es keine bewussten eigenen Entscheidungen dafür oder dagegen sind, sondern gefühlsmäßige situative Reaktionen. Unser Sohn ging auf den Vorschlag ein und sagte hinterher: »Jetzt kann ich Papa besser verstehen und wähle ein BWL-Studium.« Doch im Laufe des nächsten Jahres fragte er sich immer wieder, welche Wünsche in seinem Herzen waren. Als er die Sehnsucht, zu helfen und zu heilen entdeckte, kam er zum Arztberuf zurück.

Werner Friebel hat gesagt: »Manche prahlen, sie seien ohne Umwege ans Ziel gekommen. Wo es doch gerade auf den Umwegen am meisten zu entdecken gibt.« Wie gut, wenn Kinder Eltern haben, die diesen Weitblick haben.

Unser zweiter Sohn bekam in Deutschland keinen Medizinstudienplatz. So lernte er erst holländisch und lebt zurzeit in Utrecht, um sich auf die Aufnahmeprüfung für ein Medizinstudium in Holland vorzubereiten. Rein rechnerisch hat er ein Jahr verloren. Aber von den Reifeschritten, die Menschen gehen können, hat er in dieser Zeit zwei Jahre gewonnen.

Ob wir solche Wege als Umwege und damit als Verluste sehen oder nicht, entscheiden ganz alleine wir. Genauso kann es auch mit der Wiederholung einer Klasse sein. Hätte das Kind auf eine andere Art und Weise gelernt, dass Nichtlernen Konsequenzen hat und man sich nicht immer durchmogeln kann? Wenn es das begriffen hat, hat es bezogen auf sein Leben eine wichtige Erkenntnis gelernt.

Ich mache Ihnen Mut, nachfolgende Tabelle zur Ahnenforschung auszufüllen. Vielleicht können Sie einmal gezielt schauen, welche Gaben und Fähigkeiten bei welchem Kind durchbrechen.

Auch bei unserem Pflegesohn, der von Geburt an bei uns lebt, merkt man, wie die genetischen Anlagen durchkommen. Er ist handwerklich sehr geschickt und hat mehrere Handwerker als Vorfahren: eine Goldschmiedemeisterin, einen Kfz-Mechaniker und einen Steinmetz. Ermutigt das nicht für den eigenen Weg?

Leider begegnen mir immer wieder Menschen, die glauben, dass sie nur ein schlechtes Erbe mitbekommen haben. Ihnen fällt nichts Positives ein.

Restauratoren können ein Lied davon singen, dass Kunstwerke immer wieder überpinselt wurden, sodass man das Original gar nicht mehr entdecken kann, teilweise wurden sogar andere Motive darüber gemalt. Mit viel Mühe tragen sie Schicht für Schicht ab, bis sie voller Bewunderung die Handschrift des Meisters entdecken.

Lassen Sie sich nicht davon abbringen zu glauben, dass auch in Ihnen und Ihren Kindern ein gutes Erbe verborgen ist.

Wo sind die Segenslinien auf Ihnen und Ihren Kindern?

	Großmutter mütterlicherseits	Großvater mütterlicherseits
Schulausbildung		
Berufe		
Eigenschaften		
Fähigkeiten		
Besondere Leistungen		
Ehrenämter		
	Großmutter väterlicherseits	Großvater väterlicherseits
Schulausbildung		
Berufe		
Eigenschaften		
Fähigkeiten		
Besondere Leistungen		
Ehrenämter		
	Mutter	Vater
Schulausbildung		
Berufe		
Eigenschaften		
Fähigkeiten		
Besondere Leistungen		
Ehrenämter		
	Kind	Kind
Schulausbildung		
Berufe		
Eigenschaften		
Fähigkeiten		
Besondere Leistungen		
Ehrenämter		

Was mir wichtig ist

Kinder sind wie ein Spiegel. Sie legen den Finger auf unser/e
- Disziplinlosigkeit,
- Inkonsequenz,
- Sehnsüchte,
- Süchte,
- Versagen in der Schule,
- längst überwunden geglaubte Ängste,
- Verhalten den eigenen Eltern gegenüber.

Kinder erinnern mich an meine Kindheit, an
- Prägungen,
- Erfahrungen,
- Mangelerfahrungen,
- Nöte.

Kinder zeigen mir, wie das Kind in mir mein Verhalten auch heute noch beeinflusst.
Sie helfen mir,
- nachzureifen,
- alte Wunden zu spüren,
- Vergebung auszusprechen,
- um Vergebung zu bitten,
- heil zu werden.

Kinder erinnern mich an das Erbe von Generationen.
Welche Segenslinien können Sie bei sich persönlich entdecken?
- Fähigkeiten
- Eigenschaften
- Besondere Leistungen
- Berufe
- Ehrenämter

Kapitel 6
Wunschkind oder
»Gottes Idee«?

Haben Sie auch schon einmal diesen Ausspruch gehört oder vielleicht selbst gedacht und gesagt? »Wir haben uns zwei Kinder gewünscht und zwei Kinder dazu bekommen.« Manche drücken es auch so aus: »Michael ist unser Wunschkind und Claudia Gottes Geschenk.« Jeder hat die Sehnsucht in sich, ein Wunschkind zu sein. So fällt es vielen schwer zu erfahren, dass die Eltern nur oder erst geheiratet haben, als sie unterwegs waren. Ganz schlimm ist es zu hören: »Ich war entsetzt, als der Schwangerschaftstest positiv ausfiel. Ich wollte kein Kind mehr, doch dann hast du dich in unser Leben geschlichen.« Diese anfängliche Ablehnung kann sich bis zur versuchten Abtreibung steigern.

Viele Erwachsene haben mit Ablehnung zu kämpfen, die im Mutterleib begann. Das kann ein grundsätzliches »Nein« zum Leben des Kindes sein oder auch eine Ablehnung des Geschlechtes oder einzelner Eigenschaften, der Hautfarbe oder Ähnlichkeiten mit dem Vater oder der Mutter des Kindes. Oft werden Frauen nicht nur vom Ehemann ungewollt schwanger, sondern durch den Geschlechtsverkehr als Ledige oder mit einem verheirateten Mann oder einem Mann, den sie sich nicht als Ehemann und Vater vorstellen können, oder durch einen Seitensprung und selten auch durch eine Vergewaltigung.

Eigentlich sollte der Mutterleib der sicherste Ort auf Erden sein. Doch was ist passiert, dass nirgends so viele Kinder sterben wie in der Gebärmutter? Warum töten Mütter? Man dachte, dass es durch die Einführung der Antibabypille im Jahre 1960 keine ungewollten Schwangerschaften mehr geben würde. Laut statistischem Bundesamt[35] wurden jedoch pro Jahr zwischen 116 871 und 134 609 Schwangerschaftsabbrüche in den Jahren 1996 bis 2007 gemeldet.

Ich möchte die von Ablehnung betroffenen Kinder trösten, indem ich Ihnen verdeutliche, dass Sie nicht als Person abgelehnt wurden, sondern dass die Schwangerschaft abgelehnt wurde. Es hat nichts mit Ihnen als Person zu tun. Die Mutter meinte nicht Sie als Beate oder Thomas oder Dominik – kann sie ja auch gar nicht, weil sie Sie noch nicht kannte. Sie wollte nur nicht wieder an ein Kind gebunden sein, ihr ganzes Leben umstellen und (wieder) die Strapazen der Schwangerschaft und Geburt auf sich nehmen. Die Mutter hat ein grundsätzliches »Nein« zum Kind, kein »spezielles«. Sich das klarzumachen, kann schon helfen, die eigene Mutter besser zu verstehen und ihr die Ablehnung nicht persönlich vorzuwerfen und dann auch irgendwann in der Lage zu sein zu vergeben.

Der zweite ganz große Trost kann sein, sich vor Augen zu führen, dass Gott ein bedingungsloses »Ja« zu jedem Kind hier auf dieser Erde spricht.

Kinder sind Geschenke

In der Bibel steht: »Kinder sind ein Geschenk des Herrn« (Psalm 127,3).
Betrachten Sie ein Kind als Geschenk,

- egal ob es ein Wunschkind oder ein »Betriebsunfall« ist?
- egal ob es ein außereheliches oder ein eheliches Kind ist?
- egal unter welchen Umständen es gezeugt und entstanden ist?
- egal ob es intelligent oder weniger begabt ist?
- egal ob es gesund oder behindert ist?
- egal ob es Ihnen, Ihrem Ehepartner oder einem anderen Menschen ähnlich ist?

Wie ist Ihr Kind entstanden?

Mann hereingelegt

Maria gestand mir im Gespräch: »Mein Mann wollte kein drittes Kind, aber ich sehnte mich so danach. Da habe ich einfach die Pille weggelassen, ihm davon aber nichts erzählt. Er war vollkommen über- Gottes Zusage gilt: »Jedes Kind ist *rumpelt, als ich ihm erzählte, dass* ein Geschenk an Sie und diese Welt.« *ich wieder schwanger sei und auch nicht verstehen würde, wie es geschehen konnte. Aber was sollte er auch sagen? Jetzt trage ich dieses Geheimnis schon acht Jahre mit mir herum.«*

Von einem anderen Mann weiß ich, dass er es durch das zufällige Lesen des Tagebuches seiner Frau erfuhr, dass sie ihn hereingelegt hatte. Ob die zwei jemals wieder eine Vertrauensbasis aufbauen können? Haben Sie eine ähnliche Geschichte?

Mann betrogen – Kuckuckskinder

Hans H. Nibbrig[36] schreibt, dass durchschnittlich jedes zehnte Kind der jährlich in Deutschland geborenen 700 000 Kinder laut der »Interessengemeinschaft für Abstammungsgutachten« in Dortmund ein sogenanntes »Kuckuckskind« sei. Diese Kinder bekommen vom offiziellen Vater Unterhalt oder wachsen bei ihrem sozialen Vater auf, der aber nicht der leibliche Vater ist. In Berlin mutmaßen Experten, dass es dort gar jedes fünfte Neugeborene sein könnte. Auch Joachim Bölsche[37] schreibt unter dem Titel: »Zahlväter rüsten zum Wattestäbchen-Krieg«, dass in Deutschland nach diesen Schätzungen weit mehr als eine Million minderjährige »Kuckuckskinder« leben würden.

Auch unter Christen erfahre ich immer wieder solche Geschichten. Da wundern sich Verwandte, warum Kinder dem Bruder des Vaters wie aus dem Gesicht geschnitten sind und nur die Frau kennt das Geheimnis. Manchmal offenbart auch Gott selbst den Betrug.

Ein Pastor war schon zehn Jahre verheiratet, ohne dass seine Frau schwanger wurde. Es verging kein Tag, an dem er Gott nicht sehnsüchtig um ein Kind bat. Im elften Ehejahr wurde seine Frau endlich schwanger. Er konnte sein Glück nicht fassen und erzählte es überall herum, was Gott für ein Wunder an ihnen getan hatte. Es kam ein kleines Mädchen zur Welt. Er liebte es über alles. Eines Abends sprach Gott zu ihm: »Deine Frau hat schon seit Jahren ein Verhältnis zu einem Gemeindemitglied. Das Kind ist nicht von dir. Immer wenn du auf Missionsreise bist, ist er bei ihr.« Dieser Mann lebte in zweiter Ehe und hatte immer wieder Freundinnen. Viele trauten ihm nicht. Doch der Pastor vertraute ihm. Für ihn brach eine Welt zusammen. Er konfrontierte seine Frau mit der Anschuldigung und ließ einen Vaterschaftstest machen. Es war einer der traurigsten Tage seines Lebens, als er schwarz auf weiß las, dass er nicht der Vater sein konnte. Trotz des Schmerzes vergab er seiner Frau und bot ihr an, weiter für sie und das Kind zu sorgen, wenn sie von dem anderen Mann lassen würde. Doch sie verließ ihn mit dem Kind.

Manche Kinder erfahren erst auf dem Sterbebett, wer ihr leiblicher Vater ist, da die Mutter dieses Geheimnis nicht mit ins Grab nehmen möchte.

Melanie vertraut mir an: »Kurz bevor meine Mutter starb, gestand sie mir, dass mein alkoholkranker Vater gar nicht mein leiblicher Vater sei. Sie hätte über Jahre eine Affäre mit einem Nachbar gehabt, der über uns wohnte, was sie aber keinem gesagt hätte. Auf einmal wurde mir vieles klar, auch, warum ich mich zu diesem Mann immer so hingezogen fühlte und warum er so nett zu mir war. Leider war er zu diesem Zeitpunkt, als ich es erfuhr, schon fünf Jahre tot.«

Die Sehnsucht nach einem eigenen Kind kann in einigen Frauen so groß werden, dass sie zu fast allem bereit sind. Besonders, wenn sich durch die Untersuchungen beim Arzt herausstellt, dass ihr Mann unfruchtbar ist.

Eine Frau überredete einen Mann, der mehrere hundert Kilometer entfernt wohnte, nur so lange mit ihr zu schlafen, bis sie schwanger werden würde. Sie wollte keine Affäre, sie wollte nur ein Kind.

Die Wahrheit macht frei

Kennen Sie Jesus Christus? Haben Sie schon erfahren, dass man von der Last der Vergangenheit frei werden kann? Jesus kennt Ihre

Verfehlung, Ihr Geheimnis. Er möchte Ihnen gerne helfen und Ihnen die nächsten Schritte zeigen.

Heike war schwanger und wusste nicht, von wem das Kind war, da sie im fraglichen Zeitraum mit zwei Männern geschlafen hatte. Nach vielen inneren Kämpfen war sie entschlossen, Licht ins Dunkel zu bringen und die Flucht nach vorne anzutreten. Sie sprach mit beiden Männern und bat jeden von ihnen um Vergebung. In den nächsten Wochen machten beide Männer einen Vaterschaftstest. Heute lebt sie mit dem leiblichen Vater des Kindes zusammen.

Vielleicht können Sie sich auch nicht verzeihen, dass und unter welchen Umständen Sie schwanger geworden sind. Es liegt immer noch Scham auf Ihnen. Es ist wichtig, sich mit der eigenen Biografie und Vergangenheit auszusöhnen, damit Ihr Kind nicht auch sagen wird: »Meine Mutter konnte mir keine Liebe geben. Das ist ja auch verständlich, denn sie kam mit sich selbst nicht klar.«

Gott will jedes Kind

Vielleicht geben Sie auch Gott die Schuld und denken: »Wenn er das Kind will, muss er dann nicht auch die Umstände wollen?« Will Gott Kinder aus unehelichen Beziehungen, Dreiecksbeziehungen, Ehebruch und Vergewaltigung? Warum entsteht bei einer Vergewaltigung überhaupt ein Kind?

Ich verstehe es so, dass Gott nicht für den Ehebruch ist, aber wenn er stattgefunden hat und ein Kind entstanden ist, dann stellt er sich hundertprozentig zu dem Kind und sagt: »Auch du bist mein geliebtes Kind!«

Gott hat in jede Eizelle und jede Samenzelle die Menschwerdung hineingelegt und sie läuft ab, sobald die beiden aufeinandertreffen, ohne dass es zusätzlich sozusagen Gottes Erlaubnis bedarf. Er hat es in uns hineingelegt. Gott hat ja auch physikalische Gesetze geschaffen wie das Gesetz der Schwerkraft. Wenn wir einen Bleistift fallen lassen, wird er zu Boden fallen – mit und ohne Gottes Willen. Nur in Ausnahme-

Nicht die Zeugung ist das Entscheidende, sondern die Zusage Gottes zum Leben.

fällen macht Gott etwas gegen die Gesetze der Natur, wie zum Beispiel bei König Hiskia, als er den Schatten der Sonnenuhr um zehn Striche rückwärts wandern ließ (*Jesaja 38,8*). Seine Welt ist so geschaffen, dass sie selbst schaffen kann.

Mich hat diese Erkenntnis sehr glücklich gemacht und ich glaube, dass viele Menschen es hören sollten, dass es wichtiger ist, was *Gott* über uns sagt, als was Menschen über uns sagen. Fragen Sie nicht mehr, warum Sie kein Wunschkind sind, warum Sie vor der Ehe gezeugt wurden oder warum Sie aus einer Dreiecksbeziehung entstanden sind. Vergeben Sie Ihren Eltern und danken Sie Ihrem Vater im Himmel für sein bedingungsloses »Ja«. Genauso wäre es auch wichtig, dass Sie die Zeugung Ihrer Kinder so sehen. Auch zu diesen Kindern spricht Gott: »Ich habe dich vom ersten Moment an geliebt und gewollt, auch wenn ich die Umstände deiner Zeugung nicht gutheiße.« Die Zeit im Mutterleib hat viel mehr Einflüsse auf uns und unser Leben, als wir wahrhaben wollen. Deshalb ist mir dieser Punkt so wichtig. Wenn es in der Beziehung zu Ihren Kindern hakt, kann es an deren Start ins Leben liegen.

> Wir sind Gott ähnlich und können schaffen, auch gegen seinen Willen, da unser Wille frei ist.

Gott hat Pläne

Darüber hinaus gibt es aber auch Kinder, deren Zeugung Gottes ausdrücklichem Plan und Wunsch entspricht. Oft sind es besondere Umstände, unter denen sie gezeugt werden. Ihre Zeugung wird vorher meistens durch einen Engel angekündigt. Ausgesprochen viele Mütter sind bis zum Zeitpunkt der Empfängnis unfruchtbar. Denken wir nur an Abraham und Sara mit ihrem Sohn Isaak, an Elkana und Hanna mit ihrem Sohn Samuel und an Zacharias und Elisabeth mit ihrem Sohn Johannes dem Täufer. Diese Kinder erfahren ihren besonderen Auftrag meistens in jungen Jahren. Auch auf Jesus mit seinen Eltern Josef und Maria trifft vieles davon zu.

Vielleicht sagen Sie jetzt: Das gab es zu Zeiten des Alten und Neuen Testamentes, aber nicht mehr in der heutigen Zeit.

Neulich vertraute mir eine Frau an, dass sie zehn Jahre verheiratet gewesen wäre, ohne schwanger zu werden, obwohl sie noch nie in ihrem Leben verhütet hätte. Ihr Mann und sie hatten die Hoffnung schon fast aufgegeben, als ein afrikanischer Pastor in ihre Gemeinde kam, predigte und hinterher noch für Menschen betete. Auf einmal hätte er sie angesehen und gesagt: »Du bekommst keine Kinder, stimmt das? Gott sagt, dass du ein Kind bekommen wirst.« Ein Jahr später kam der Mann wieder. Wieder entdeckte er die Frau im Gottesdienst, pickte sie heraus und schaute ihr tief in die Augen. »Du hast immer noch kein Kind, oder?«, fragte er. »Noch bevor das Jahr zu Ende geht, wirst du ein Kind in deinen Armen halten.« Die anderen Gemeindemitglieder hielten den Atem an, da sie ja die Geschichte dieses Paares kannten. In den ersten drei Monaten danach passierte nichts – und dann geschah das Wunder. Die Frau wurde schwanger und schenkte einem wunderbaren, kerngesunden Mädchen das Leben. Das Mädchen ist heute fünfzehn Jahre alt und die Eltern sind sehr gespannt, was Gott mit ihr vorhat. Auch nach der Geburt hat das Paar nicht verhütet, aber die Frau wurde nicht mehr schwanger.

Wir selbst haben eine ähnliche Geschichte erlebt. Nach drei gesunden Kindern und zwei Fehlgeburten waren mein Mann und ich überein gekommen, dass unsere Familie komplett sei und Gott ja auch noch die Möglichkeit hätte, uns ein Adoptiv- oder Pflegekind zu geben.

Und wirklich, kurze Zeit später träumte mein Mann von einem umadressierten Päckchen. Der Adressat sei durchgestrichen und unser Name eingesetzt worden. Wir staunten nicht schlecht, als wir am Tag nach dem Traum einen Anruf bekamen, ob wir bereit wären ein eineinvierteljähriges Mädchen aufzunehmen. So hatten wir nun vier Kinder im Alter von sieben, fünf, zweieinhalb und eineinviertel Jahren, als ich im Sommer 1990 während eines Gottesdienstes empfand, dass ich noch einmal schwanger werden würde. So wie in einem Tagtraum sah ich mich mit einem schwangeren Bauch. Ich war so erschrocken darüber, dass ich spontan zu Gott sagte: »Ich will nicht wieder schwanger werden. Kannst du dir nicht eine andere suchen?«

Für manche mag das wie Gotteslästerung wirken, aber ich bin von Natur her ein rebellischer Typ und habe von klein auf auch mit meinen Eltern diskutieren dürfen. Meine Art schlägt sich auch in meiner Beziehung zu Gott nieder, sodass ich oft mit Gott um den richtigen Weg ringe. Grundsätzlich habe ich Gott einmal gesagt, dass ich immer bereit sein will, meinen Willen unter seinen unterzuordnen, auch wenn ich das nicht ohne Kämpfe tun und er manchmal viel Geduld mit mir brauchen würde.

Doch zurück zu unserer Geschichte. Unabhängig von meinem Erlebnis hatte Gott zu meinem Mann gesprochen und ihm folgende Gedanken gegeben: »Ute wird Mitte Oktober schwanger werden.« Auch mein Mann reagierte zunächst abweisend: »Herr, du weißt, dass Ute nicht mehr schwanger werden möchte. Das musst du ihr schon selbst beibringen.« Beide sagten wir einander nichts von unseren Eindrücken. Circa sechs Wochen später hatte ich während der Zeit, die ich mir morgens zum Gespräch mit Gott und zum Bibellesen nahm, folgenden Gedanken: »Wärst du bereit, dein Kind Josua zu nennen?« Spontan dachte ich: »Nein, den Namen würde mein Kind nicht bekommen, denn bei einem Namen mit einem ›a‹ am Ende denken die Leute, dass es ein Mädchen wäre.« Und dann erst sagte ich: »Aber, Herr, ich bin doch gar nicht schwanger und will es auch nicht werden.« Nach weiteren zwei Wochen sprach ich zu meinem Mann über den Eindruck, noch einmal schwanger zu werden und er erzählte mir auch von seinem Eindruck. Ich fing dann noch an, mit Gott zu verhandeln, ob ich nicht schon im September schwanger werden könnte, da wir im nächsten Jahr eine Freizeit zum ersten Mal leiten wollten – genau zu dem errechneten Geburtstermin.

Ich hatte ja schon in der Bibel gelesen, dass Gott sich manchmal auf Handeln einlässt, so wie bei Hiskia, der Gott bat, sein Leben zu verlängern und Gott ihm dann noch weitere 15 Jahre schenkte, obwohl er eigentlich sterben sollte *(Jesaja 38,1–6)*

So wollte ich auch mit Gott handeln. So schliefen wir im September miteinander, doch obwohl ich einen Eisprung hatte, geschah nichts. Im Oktober hatte ich irgendwie eine Blockade und verweigerte mich bis zum 19. Tag des Zyklus. Mein Man sagte liebevoll: »Ute, wir werden viel Segen weniger haben, wenn du nicht in Gottes Plan einwilligst.« Dieser Satz traf mich mitten ins Herz und ich wurde

unendlich traurig über meinen Boykott, in Gottes perfekten Plan ein-
zuwilligen. Ich bat Gott um Vergebung und sagte: »Herr, wenn das
Kind immer noch gezeugt werden kann, dann bin ich bereit.« Es war
der 20. Tag des Zyklus und ich wurde sofort schwanger. Das war ja
schon an sich ein Wunder. Nun hatte ich den Namen des Kindes und
bat meinen Mann, Gott auch zu fragen, wie wir das Kind nennen
sollten, um das er so kämpfte. Aber mein Mann hatte keinen Glau-
ben, dass Gott so konkret zu ihm sprechen würde. Nach vier Wochen
fragte ich ihn. Er gab zu, nicht gefragt zu haben. Aber er hatte zu der
Zeit die Angewohnheit, Gott morgens immer wieder zu bitten, ihm
zu zeigen, was er in der Bibel lesen solle und so hatte er vier Wochen
lang im Buch Josua gelesen.

Hat Gott nicht Humor?

Zwei Wochen vor der Entbindung kam eine Frau auf uns zu und
sagte: »Wisst ihr schon, wie euer Kind heißen soll?« Wir waren über-
rascht über diese Frage und gespannt, welche Botschaft sie hätte.
Dann fuhr sie fort: »Ich habe gestern, wie schon so oft, für das Kind
im Mutterleib gebetet und es war mir ganz klar, dass das Kind ›Josua‹
heißen wird.«

Auch die Entbindung war sehr erstaunlich. Ich hatte eine Woche
vor der Entbindung einen Traum, dass Josua ohne Schmerzen gebo-
ren würde. Mir wurde im Traum das Gesicht des Neugeborenen von
einer OP-Schwester mit den Worten gezeigt: »Das ist Ihr Sohn.« In
der gleichen Nacht hatte unser erstgeborener Sohn einen Traum, den
er mir am Morgen erzählte, als ich ihn mit den Worten weckte, dass
ich geträumt hätte, sein Bruder wäre geboren worden. Er berichtete:
»Mama, ich habe geträumt, dass Josua geboren werden sollte, es aber
sehr schwierig war. Es gab Gestalten, die wollten das verhindern und
standen mit Gewehren und Pfeilen da. Aber Josua hat es geschafft.«

Kann Gott uns Dinge sagen, die auf uns zukommen? Und wie
deutlich muss er reden, damit wir sie verstehen und auch danach
handeln? Wir hätten durch die Träume wissen können, was auf
uns zukommen würde, aber wir haben es nicht verstanden. Erst im
Nachhinein. Und dabei ist mein Lieblingsvers in der Bibel: *»Dein*
Wort ist eine Leuchte für meinen Fuß und ein Licht auf meinem Weg«
(Psalm 119,105).

Am Tag der Geburt hatten mein Mann und ich während einer Gebetszeit beide den Eindruck, dass wir nach Abschluss des Hauskreises in die Frauenklinik fahren sollten. Ich hatte kaum Wehen, war Viertgebärende und selbst Ärztin. Ich schämte mich, in die Klinik zu fahren, weil mir mein Verstand und meine Erfahrung sagten, dass zum jetzigen Zeitpunkt mit den wenigen Wehen niemals ein Kind auf die Welt gelangen könnte. Aber wir gingen, weil Gott es uns beiden gesagt hatte. In der Klinik legte ich mich auf die Liege zur Untersuchung, als ich schwallartig Blut verlor. Dann ging alles ganz schnell. Die Ärzte stellten fest, dass sich der Mutterkuchen von der Gebärmutter gelöst hätte, auch heute noch eine Todesursache für jedes zweite Kind unter der Geburt, weil das Kind dadurch erstickt. Außerdem hatte Josua die Nabelschnur zweimal ums Handgelenk und einmal um den Hals gewickelt, wie man im Ultraschallbild unschwer erkennen konnte. Es wurde auf einmal sehr hektisch und die Hebamme sagte immer wieder: »Wie gut, dass Sie hier sind und nicht zu Hause oder unterwegs, so eine Komplikation kann für Mutter und Kind tödlich enden.« Der Kreißsaal füllte sich mit Ärzten und Hebammen und eine Stunde, nachdem wir die Klinik ahnungslos betreten hatten, war Josua per Kaiserschnitt geboren und eine Hebamme zeigte mir sein Gesicht mit den Worten: »Das ist Ihr Sohn.« Und ich dachte nur: »Dich kenne ich doch schon.« Es war genauso wie im Traum.

Warum erzähle ich Ihnen diese Geschichte so ausführlich? Weil sie so vieles deutlich macht. Gott legt Wert auf Einheit in der Ehe. Wenn ihm etwas wichtig ist, spricht er zu beiden Ehepartnern, sodass sie es verstehen. Gott hat Zeit und Geduld. Wir sind nicht seine Sklaven. Er möchte mit uns zusammen diese Welt gestalten. Er braucht unsere Einwilligung, unser Ja. Wir sollten sehr hellhörig sein, wenn beide die gleichen Gedanken denken.

Gott möchte Kinder auf diese Welt schicken. Es gibt so viele Paare, die zwar sagen: »Gott, unser Leben gehört dir.« Aber im Bereich Familienplanung lassen sie sich nichts sagen. Viele wollen wenige Kinder. Kann Gott Ihnen noch mehr Kinder schenken, oder haben auch Sie Ihre Pläne ohne Gott gemacht?

Kinder sind Geschöpfe Gottes

Als Christen glauben wir, dass Gott uns und damit auch unsere Kinder geschaffen hat.

Da sprach Gott: Wir wollen Menschen schaffen nach unserem Bild, die uns ähnlich sind. (...) So schuf Gott die Menschen nach seinem Bild, nach dem Bild Gottes schuf er sie, als Mann und Frau schuf er sie. 1. Mose 1,26

Du hast alles in mir geschaffen und hast mich im Leib meiner Mutter geformt. Psalm 139,13ff

Können wir ganz neu über die Kinder staunen, die uns anvertraut sind? Viele von uns sind ausgebrannt und bräuchten eine Oase in der Wüste, eine Erziehungsauszeit, eine Pause mitten im Marathonlauf. Lassen Sie sich neu auf Gott ein. Er verspricht wunderbare Dinge in seiner Gebrauchsanweisung für Menschen, dem meistverkauften Buch aller Zeiten, der Bibel.

Kommt alle her zu mir, die ihr müde seid und schwere Lasten tragt, ich will euch Ruhe schenken. Matthäus 11,28

Ich kann mich noch gut an einen sonnigen Nachmittag erinnern, als ich zusah, wie Jugendliche für ihre Leiterin zu dem Lied »Es geht nichts verloren«[38] einen selbst entworfenen Tanz vorgeführt haben. Mir liefen die Tränen über die Wangen, weil ich mich genau so fühlte: müde und ausgebrannt. Es tat so gut, von diesen jungen Menschen zugesungen zu bekommen, dass nichts verloren geht, wenn es aus Liebe getan wird. Vielleicht tröstet Sie jetzt gerade auch der Liedtext:

Du bist leer, hast alles gegeben, gabst deine Kraft, deine Zeit. Doch man gab dir noch nicht einmal Dankbarkeit. Du bist leer, hast alles gegeben, gabst ohne Lohn, ohne Pfand. Nun stehst du da, bist müde und ausgebrannt. Denk an dich, so sagen die Freunde, du gibst zu viel von dir her, sie werden sehen, Gott lässt deine Hände nicht leer. Denk an Ihn, Er lässt dir sagen, dass du ihm vor Augen bist und dass

Er deine Liebe nie vergisst! Es geht nichts verloren, wenn sich Liebe so verschenkt, es geht nichts verloren! Was du tust in Gottes Willen, davon geht nichts verloren!

Nehmen Sie sich ernst. Setzen Sie Grenzen. Spüren Sie nach, was Ihnen guttun würde und dann setzen Sie es um. Ich will Ihnen helfen, dass Sie ganz neue Liebe für Ihre Kinder bekommen. Lassen Sie sich ganz neu ansprechen, von den Sprüchen in der Bibel, die so viel Weisheit im Bereich Erziehung und Beziehung enthalten. Das Wort Gottes wird in Ihnen wirken. Bitten Sie Gott um neue Kraft und neue Liebe. Er gibt gerne, aber er will gebeten werden. *»Doch euch fehlt das, was ihr gerne wollt, weil ihr Gott nicht darum bittet«* (*Jakobus 4,2*), fordert uns die Bibel auf.

Haben Sie gewusst, dass man lieben lernen kann? Ich dachte immer, dass man das bei der Geburt des ersten Kindes mit in die Wiege gelegt bekommt. Aber in *Titus 2,4* lesen wir: *»Die älteren Frauen sollen die jüngeren Frauen anleiten, ihre Ehemänner und auch ihre Kinder zu lieben.«*

Jedes Kind bringt die Botschaft mit, dass Gott die Lust am Menschen noch nicht verloren hat. – Rabindranath Tagore

Haben Sie so eine Freundin, die Ihnen hilft, Ihren Mann und Ihre Kinder zu lieben? Welche jüngere Frau könnte von Ihnen lernen?

Gott hat eine Botschaft an Sie mit jedem Kind, das er auf diese Welt schickt. Vielleicht ist heute ein guter Tag, ganz neu »Ja« zu Kindern allgemein und zu Ihren Kindern zu sagen. So wie man in der Ehe Ehe-Erneuerungsversprechen abgeben kann, so geht das bestimmt auch bei Kindern. Würde Ihnen folgendes Gebet guttun?

»Gott, du hast dieses Kind geschaffen. Ich habe Mühe mit deiner Gabe und kann nicht richtig damit umgehen. Ich rebelliere gegen diese Eigenschaft oder in diesen Situationen. Ich lege diese Last jetzt von mir ab. Ich nehme mein Kind ganz neu an und ich will lernen, es zu lieben. Bitte hilf mir. Du hast mir mein Kind zur Freude gegeben, nicht zum Ärgern. Ich entscheide mich dafür. Ich will nicht auf die Probleme schauen, sondern auf deine Lösungen.«

Vielleicht müssen Sie auch ehrlich sein und sagen: »Es ist nicht nur so, dass ich mein Kind nicht liebe! Eigentlich hasse ich dieses

Kind, es reizt mich bis zur Weißglut, ich könnte es an die Wand werfen.«

Nadine ist drei Jahre alt und wirft sich immer wieder auf den Boden, wenn sie ihren Willen nicht bekommt. Manchmal knallt sie auch ihre Stirn an den Schrank, bis es blutet. Sie lügt und stiehlt oft Süßigkeiten. Sie will auch keinen Mittagsschlaf machen. Als ihre Mutter sie trotzdem in ihr Bett schickt, rächt sie sich damit, dass sie einen Haufen ins Bett macht. Nadines Mutter ist total verzweifelt und sagt einer Freundin: »Jetzt vertraue ich dir etwas an, was ich noch niemand gesagt habe. Eigentlich darf eine Mutter das auch nicht denken, sagen und fühlen, aber in solchen Momenten hasse ich Nadine. Sie hat solche Macht über mich und treibt mich dazu, dass ich rumschreie. Ich kenne mich dann nicht wieder. Ich habe sie auch schon sehr hart angefasst. Es tut mir so leid. Was soll ich nur machen? Wie konnte es so weit kommen? Ich dachte immer, dass ich ein friedfertiger Mensch sei, und habe Eltern verurteilt, die sich nicht beherrschen konnten. Ich hasse sie für ihre Macht und mich für meine Unfähigkeit.«

Nadines Mutter tat es sehr gut, ehrlich zu sein und einen Menschen zu kennen, der sie nicht dafür verurteilte.

»*Du deckst mir einen Tisch vor den Augen meiner Feinde*« *(Psalm 23,5)*, lesen wir in dem bekanntesten Psalm der Bibel. Ich glaube, dass die wenigsten Menschen das wirklich erfahren. Auch mein Kind kann dieser Feind sein. Nadines Mutter würde mir da zustimmen. Vielleicht Sie auch in manchen Momenten? Und Jesus sagt uns nun, dass er den Tisch gedeckt hat. Was denken Sie, was auf dem Tisch ist? Haben Sie sich darüber schon einmal Gedanken gemacht? Ich denke, dass darauf alle Gaben des Heiligen Geistes zu finden sind, die er in uns zur Entfaltung bringen will und die in *Galater 5,22* beschrieben werden: »*Liebe, Freude, Frieden, Geduld, Freundlichkeit, Güte, Treue, Sanftmut und Selbstbeherrschung.*« Vergebungsbereitschaft steht bestimmt auch noch darauf. Immer wenn ich in so einer Situation bin – verzweifelt, ausgebrannt, verletzt, hilflos oder lieblos –, dann stelle ich mir in Gedanken diesen gedeckten Tisch vor und bete: »Jesus Christus, du siehst mich. Ich habe keine Liebe mehr für das Kind, das du mir anvertraut hast, aber ich will eine gute Mutter sein. Schenke mir neue Liebe. Ich vergebe dem Kind jetzt und bitte dich auch um Vergebung, wo ich das Kind ungerecht behandelt und angeschrien habe. Zeig uns wieder einen Weg von Herz zu Herz.« Und Gott hat es immer wieder in mir bewirkt. Probieren Sie es aus. Was brauchen Sie heute, um wieder einen neuen unbelasteten Zugang zu Ihrem Kind zu bekommen? Ich bin in regelmäßigen Abständen wieder in der Situation, zum Erziehungsauftrag neu »Ja« zu sagen. Wo sind im Moment Ihre Baustellen? Will Ihr Kind nicht sauber werden? Droht das Kind sitzen zu bleiben? Hat Ihr Kind ständig Wutausbrüche?

Wo geschieht Saat und Ernte?

Kinder zu haben, ist eine wunderbare Möglichkeit, seine eigene Kindheit noch mal aufzuarbeiten – scheibchenweise. Ich habe eine große Hochachtung vor der Erziehungsarbeit meiner Eltern bekommen, seitdem ich selbst Kinder habe. Manchmal habe ich meine Eltern gefragt: »Wie war es mit mir? Habe ich euch auch so viel Mühe bereitet? Vergebt mir.«

Manchmal hört man Eltern im Zorn sagen: »Ich wünsche dir auch so einen ungehorsamen Sohn wie du bist, oder eine unordentliche Tochter, damit du mal siehst, wie schwer das ist.«

Kennen Sie solche Aussagen? Vielleicht passiert das auch, ohne dass wir es dem anderen wünschen, weil es das geistliche Gesetz von Saat und Ernte gibt. Viele von uns ernten Lieblosigkeit, Ungehorsam und Unehre, weil sie sie ausgesät haben. Zumindest kann ich das in der Bibel so lesen.

> *Irret euch nicht, Gott lässt sich nicht spotten, Denn was der Mensch sät, das wird er ernten. Galater 6,7 (Luther)*

> *Sie haben Wind gesät, werden aber einen Sturm ernten. Hosea 8,7*

Manchmal kann man dann nur noch beten: »*Herr, vergib mir die Sünden meiner Jugend« (Psalm 25,7)*. Haben Sie noch »unbereinigtes« Saatgut ausgestreut?

Kinder sind wie ein Spiegel

»Kinder sind wie ein Spiegel, in den wir schauen und uns selbst erkennen«, habe ich im Kapitel »Was Kinder auslösen« beschrieben. Sie legen den Finger auf unsere Fehlhaltungen, aber natürlich auch auf unsere Gaben und Fähigkeiten. Unsere Kinder brauchen uns als Spiegel und wir brauchen unsere Kinder. Der Mensch wird nur Mensch in der Begegnung mit einem »Du«. Anders können wir nicht zum »Ich« werden.

> *Wie sich im Wasser das Angesicht spiegelt, so ein Mensch im Herzen des anderen. Sprüche 27,19 (Luther)*

> *... zieh zuerst den Balken aus deinem Auge; danach sieh zu, wie du den Splitter aus deines Bruders Auge ziehst. Matthäus 7,5 (Luther)*

Balken und Splitter sind beide aus Holz, nur unterschiedlich dick. Übersetzt würde es bedeuten: Wenn mein Sohn mich immer wieder zum Zorn reizt, weil er vieles anfängt und nur weniges fertigstellt, dann könnte das der Splitter im Auge meines Sohnes sein. Mein Balken wäre dann vielleicht, dass ich meine Lehre oder Schule abgebrochen habe, meine Diplom- oder Doktorarbeit unvollendet im Schrank liegt, die Steuererklärung trotz Mahnung noch zu erstellen ist und im Werkzeugkeller noch jede Menge Reparaturarbeiten auf mich warten.

Welches Splitter-Balken-Beispiel fällt Ihnen in Ihrer Familie spontan ein?

Kinder sind Vorbilder

Im ersten Kapitel haben wir uns intensiv damit auseinandergesetzt, dass Kinder (auch) anders sind und wir hatten Folgendes als typisch für Kinder herausgestellt: Sie seien vertrauensvoll, leichtgläubig, begeisterungsfähig, humorvoll, wissbegierig und neugierig, in der Gegenwart lebend, anpassungsfähig, vergebungsbereit, hilfsbereit und belehrbar. Warum erwähne ich das hier noch mal? Weil Jesus uns Kinder zum Vorbild gibt.

Wenn ihr nicht umkehrt und werdet wie die Kinder, so werdet ihr nicht ins Himmelreich kommen. Matthäus 18,3

- Vertrauen Sie Gott? Glauben Sie, was in der Bibel steht?
- Lassen Sie sich begeistern, so wie die Kinder, die »Hosianna dem Sohn Davids« schrien, als Jesus Wunder tat *(Matthäus 21,15)?*
- Verstehen Sie Spaß? Sind Sie ein fröhlicher Mensch? Gott sagt, dass er uns Freude statt Trauer *(Jesaja 61,3)* gibt.
- Sind Sie wissbegierig und forschen, was Gott möchte?
- Leben Sie in der Gegenwart und stehen jeden Morgen mit dem Gedanken auf: »Mal sehen, was heute alles auf mich wartet!«?
- Wollen Sie bis ins hohe Alter hinein anpassungsfähig sein und wie ein Moses noch mit 80 Jahren bereit sein, einen neuen Auftrag von Gott zu erhalten?
- Haben Sie den Schatz der Vergebungsbereitschaft schon ausgegraben oder funktionieren Sie immer noch nach dem Modell »Registrierkasse«? Oder wie mir einst mal jemand sagte: »Wenn ich schon nach einem Testament lebe, dann nach dem Alten Testament: ›*Auge um Auge, Zahn um Zahn*‹« *(3. Mose 24,20)*.
- Sind Sie hilfsbereit? Jesus hat gesagt: »*Was ihr für einen der Geringsten meiner Brüder und Schwestern getan habt, das habt ihr für mich getan*« *(Matthäus 25,40)*. Ich habe eine gute Nachricht für Sie: Jeder wird gebraucht und kann anpacken.
- Und die letzte Frage gilt der Belehrbarkeit: Sind Sie kritikfähig? Lassen Sie sich etwas sagen oder haben Sie immer recht? Unser Sohn sagte neulich: »Mama, Kritik ist kostenlose Beratung.« Wenn wir diesen Satz beherzigen würden, wäre vieles leichter.

In Gottes Reich gibt es keine Arbeitslosen.

Ich möchte mich immer wieder mal an dem Maßstab der Kinder messen lassen. Machen Sie mit?

Kritik ist kostenlose Beratung.

Kindererziehung ohne Furcht

Unsere Meinung von unseren Kindern beeinflusst ganz maßgeblich unser Familienleben. Unsere schlechten Erwartungen haben Macht. Gott warnt uns in der Bibel davor, Ängste zu haben.

Was der Gottlose fürchtet, das wird eintreffen, aber die Hoffnungen der Gottesfürchtigen werden sich erfüllen. Sprüche 10,24

Viele Frauen haben ein Leben lang Angst, dass ihre schönen Töchter vergewaltigt werden. Sie behüten sie, wo sie nur können, bringen sie zu Veranstaltungen, holen sie mit dem Auto wieder ab und tun wirklich alles, damit es nicht eintrifft. Und dann geschieht es doch. Warum? Haben Sie Ihre Töchter nicht stark genug gemacht? Strahlen die Töchter schon eine »Opfermentalität« aus?

Persönlich bin ich hellwach, wenn sich bei mir Angst vor etwas bemerkbar macht. Rainer Werner Fassbinder hat 1974 ein Melodrama mit dem Titel »Angst essen Seele auf« gedreht. Besser kann man es nicht beschreiben. Wovor haben Sie Angst? Ein behindertes Kind zu bekommen? Ein Kind durch einen Autounfall zu verlieren? Schon (zu) früh Großmutter zu werden? Einen Drogenabhängigen oder Amokläufer großgezogen zu haben? Wir könnten den ganzen Tag Angst haben, wenn wir die Zeitungsberichte lesen. Ich möchte nicht gottlos leben. Das tue ich aber, wenn ich meinen Ängsten mehr glaube als Gott, der mein Versorger, mein guter Vater und mein Ratgeber ist und der mir versprochen hat, mich nicht über meine Kräfte zu versuchen. In der Bibel lesen wir, dass Jesus unsere Ängste kennt. Ganz oft fangen Begegnungen mit Engeln oder Jesus mit der Aufforderung an: »Hab keine Angst« (vgl. *Matthäus 9,22*). Selbst seinen Jüngern, die ihn Tag für Tag erlebten, musste er inmitten des Sturms auf dem See sagen: »*Warum habt ihr Angst? Ist euer Glaube denn so klein?* Und er stand auf und drohte dem

Wind und den Wellen, und augenblicklich war alles wieder ruhig« (*Matthäus 8,26*).

Lassen Sie sich ermutigen, Gott Ihre Angst zu bringen und ihn um seinen Frieden mitten im Sturm zu bitten.

Betrachten Sie Kinder als Geschenke …
- egal, ob es ein Wunschkind oder ein »Betriebsunfall« ist?
- egal, ob es ein außereheliches oder ein eheliches Kind ist?
- egal, unter welchen Umständen es gezeugt und entstanden ist?
- egal, ob es intelligent oder weniger begabt ist?
- egal, ob es gesund oder behindert ist?
- egal, ob es Ihnen, Ihrem Ehepartner oder einem anderen Menschen ähnlich ist?

Gott hat ein bedingungsloses »Ja« zu jedem Kind. Kinder sind von Gott geschaffen. Kinder sind Vorbilder.

Wir kommen an den folgenden geistlichen Gesetzen nicht vorbei:
- Was der Mensch sät, das wird er ernten.
- Was der Gottlose fürchtet, trifft ihn oder tritt ein.

Kapitel 7
Gott hat keine Enkelkinder

Jeder Mensch muss in seinem Leben selbst die Entscheidung treffen, ob er sein Leben mit oder ohne Gott leben will. Gott hat keine Enkelkinder, nur Kinder. Sie können Glauben vorleben. Sie können Ihre Kinder prägen. Sie können sie lehren, aber Sie haben es nicht in der Hand, ob Ihre erwachsenen Kinder als Christen leben.

(Er)hört Gott Gebet?

Als junge Ärztin hat es mich betroffen gemacht, dass sterbende Menschen in ihrer Todesstunde oft nach ihrer Mutter riefen. »Mama, hilf mir«, habe ich immer wieder gehört und dachte bei mir: »Sie kann doch nicht helfen. Sie ist doch schon lange tot.« Auch bei Entbindungen stöhnen manche Frauen: »Mama, Mama, Mama.« In der Stunde der Not scheint die Mutter die einzige Person zu sein, die mir noch beistehen kann. Diese Erlebnisse mit Menschen in Not haben sich tief in mich eingeprägt. Die erste Person, die sich um die Bedürfnisse eines Neugeborenen kümmert, ist nun meistens die Mutter. Als Baby schreien wir nach ihr und später ist oft das erste Wort, was Kinder sagen können: »Mama.« Daher wird auch ein Kind, was sich im Wald verirrt hat oder auf dem Spielplatz von Größeren am Rutschen gehindert wird, natürlicherweise schreien: »Mama, hilf mir! Mama, wo bist du?«

Als ich mich mit 29 Jahren nach einer schweren Krankheit bewusst für ein Leben als Christ entschied, wollte ich meine Kinder lehren, nicht zuerst Mama zu rufen, wenn ich außer Reichweite sein sollte. Sie sollten sich direkt an Gott wenden. Ich erklärte ihnen, dass Jesus Christus sie immer hören könne – im Gegensatz zu mir – und es deshalb sehr wichtig sei, schon früh zu lernen, eine eigene Beziehung zu Gott aufzubauen und eigene Erfahrungen mit ihm zu machen.

Auch unserem siebenjährigen Benjamin erklärte ich, dass er in der Not leise oder auch laut Gott bitten solle, ihm zu helfen. Eines Tages kam ich etwas später vom Einkaufen zurück. Ich drehte den Schlüssel in der Tür um, als Benjamin aus der oberen Etage heruntterstürmte und rief: »Mama, Jesus hat mir heute geholfen.« Da ich den Zusammenhang nicht sofort verstand, fragte ich nach: »Wie meinst du das denn?« »Mama, du warst nicht da, als ich aus der Schule kam. Ich habe geklingelt, aber du hast nicht aufgemacht. Dann habe ich versucht, mit dem Schlüssel die Tür aufzumachen, aber es ging nicht. Ich stand längere Zeit vor der Tür und habe dann gebetet: ›Bitte, Jesus, hilf mir, dass ich die Tür aufbekomme.‹ Und weißt du, was dann passiert ist? Eine fremde Frau hat mich gefragt, ob sie mir helfen könne und warum ich denn vor der Tür stehen würde? Dann habe ich alles erzählt und sie hat die Tür aufgeschlossen. Sie wäre noch länger bei mir geblieben, aber ich habe gesagt, dass ich das im Haus alleine schaffe und Hausaufgaben machen werde, bis du kommen wirst. Ich bin sicher, dass Jesus sie geschickt hat.« Seine Fröhlichkeit hat mich richtig angesteckt und mich darin bestärkt, dass es richtig ist, Kinder zu lehren, sich an Gott zu wenden.

Mit dem Glauben ist es wie mit dem Schwimmen. Man kann nicht schwimmen lernen, wenn man nur am Rand des Schwimmbeckens stehen bleibt. Auch nicht, wenn man die Theorie noch so gut beherrscht. Es kommt der Tag, an dem man ins kühle Nass muss, auch wenn es noch so viel Überwindung kostet. Man muss üben – vielleicht anfangs mit Schwimmflügeln, irgendwann aber auch ohne Schwimmhilfen. Mangelndes Vertrauen zu den Schwimmlehrern und den eigenen Fähigkeiten sowie Angst können verhindern, dass man je schwimmen lernt. Genauso ist es auch beim Glauben lernen.

> Wir müssen unseren Kindern zugleich aber auch vermitteln, dass Gott kein Automat ist, der alles so tun wird und muss, wie wir es haben wollen.

Unseren Kinder habe ich gesagt, dass man Gott um alles bitten kann und dass in der Bibel steht, dass Gott gebeten werden möchte: »*Doch euch fehlt das, was ihr so gerne wollt, weil ihr Gott nicht darum bittet«* *(Jakobus 4,2).* Doch Gott allein entscheidet, ob er auf die Bitte mit *Ja, Nein* oder *später* antworten möchte.

Ähnlich wie ein Papa, der von seinem Sohn um 12.00 Uhr hört, dass er Lust auf eine Tafel Schokolade hat. Darauf könnte der Vater unterschiedlich antworten:

- ◆ »Ja, ist gut, wir essen heute erst um 17.00 Uhr etwas Warmes.«
- ◆ »Nein, in einer halben Stunde ist das Mittagessen fertig.«
- ◆ »Später. Wir können zum Kaffeetrinken Schokolade essen.«
- ◆ »Nein, Schokolade hat zu viele Kalorien, iss lieber einen Apfel.«

Im Namen von Jesus beten

Immer wieder lese ich in der Bibel – besonders auch in der Apostelgeschichte –, dass Gott handelt, wenn die Gläubigen im Namen von Jesus sprechen.

> *Doch Petrus sagte: »Ich habe kein Geld für dich. Aber was ich habe, gebe ich dir. Im Namen von Jesus Christus von Nazareth: Steh auf und geh!« Apostelgeschichte 3,6*

Vielleicht macht Ihnen auch folgende Geschichte besonders in Bezug auf Ihre Töchter Mut.

Fia ging noch spät abends alleine durch die Stadt, als sie auf einmal ein älterer Mann zu verfolgen schien. Er kam immer näher und zog sie plötzlich in eine menschenleere Seitenstraße. »Niemand wird mich hören«, schoss es Fia durch den Kopf, als sie den Mann anschrie: »In Jesu Namen, lass mich in Ruh.« Der Mann ließ sie sofort los und fragte: »Was hast du gerufen? Ich kann dir nichts mehr tun.«

Gott greift auch heute noch ein, wenn wir im Namen von Jesus beten.

Wir waren mit zehn Personen in Südafrika an einem unbewachten Strand, als drei Afrikaner näher kamen und uns um Zigaret-

ten, Essen und Geld baten. Wir konnten ihnen nichts geben, was sie uns aber nicht glaubten. Voll Wut zogen sie ihre Messer und Pistolen und bedrohten uns. Sie kamen immer näher. Niemand hätte unser Schreien gehört, als ich plötzlich schrie: »In Jesu Namen, ihr könnt uns nichts tun. In Jesu Namen, lasst uns los.« Sie konnten mich noch ins Gesicht schlagen, aber mehr haben sie nicht gemacht. Mit der mageren Beute von einer Uhr, einem Paar Schuhen, und einem fast leeren Portemonnaie ließen sie uns gehen. Wir liefen um unser Leben in unsere Unterkunft. Dort setzten wir uns zusammen und als Erstes dankten wir Gott für seine Bewahrung. Dann sprachen wir aus, dass wir den Dieben vergeben, und baten Gott darum, dass er die Diebe von der Polizei fassen lassen würde und wir die gestohlenen Sachen zurückbekommen könnten. Unser Gastgeber war geschockt und meinte: »Normalerweise überleben Touristen so etwas nicht. Es tut mir unendlich leid, dass euch so etwas passiert ist.« Eine Stunde später geschah das nächste Wunder. Die Diebe wurden gefasst und nach drei Stunden hatten wir unsere Sachen wieder. Weitere zehn Tage später waren die drei Menschen rechtskräftig verurteilt.

Man muss es nicht laut aussprechen. Mehrere Menschen haben mir versichert, dass Jesus auch hilft, wenn man in Gedanken betet.

Wie lernen Kinder zu glauben?

Vorbild

Die überzeugendste Art, Kinder dahin zu führen, dass sie auch glauben, ist das Vorbild.

- ◆ Erleben Ihre Kinder, dass Sie in der Bibel lesen, beten und in den Gottesdienst gehen? Leben Sie nach den Geboten der Bibel?
- ◆ Wie gehen Sie mit (Not-)Lügen, Kavaliersdelikten, Diebstahl am Arbeitsplatz und Schwarzarbeit um?

- Wie durchleben Sie Krisen, Fehlverhalten und Verletzungen?
- Können Sie sich entschuldigen?
- Wie ist Ihr Verhältnis zu den eigenen Eltern und Schwiegereltern?

In der Bibel steht: »*Ehre deinen Vater und deine Mutter. Dann wirst du lange in dem Land leben, das der Herr, dein Gott, dir geben wird*« (2. Mose 20,12). Für mich ist das ein Gebot in zweierlei Richtung. Zum einen werde ich aufgefordert, meine Eltern zu ehren und zum anderen so zu leben, dass es meinen Kindern leichtfällt, mich zu ehren, damit sie auch lange leben können.

Das entwaffnendste Argument in der Kindererziehung lautet immer: »Du machst das ja auch nicht.« Da sagen Erwachsene: »Sitz gerade. Lies keine Zeitung beim Frühstück. Iss nicht so viel Süßes. Putz dir nach jedem Essen die Zähne und lies jeden Tag in der Bibel.« Nur manchmal vergessen die Eltern, dass Kinderaugen und -ohren überall sind. Man kann ihnen nichts verheimlichen. Sie finden heraus, wann wir unglaubwürdig sind und nur Gebote austeilen, ohne sie selbst zu leben.

Die Sprache des Vorbilds spricht viel lauter als die gesagten Aufforderungen.

Andachten

In der englischen Bibel steht: *Train your child – Also trainiere das Kind den Weg, den es gehen soll* (vgl. *Sprüche 22,6*). Trainieren heißt immer wieder erklären, immer wieder davon reden, immer wieder Mut machen. Im Deutschen wird es folgendermaßen übersetzt: »*Lehre dein Kind, den richtigen Weg zu wählen, und wenn es älter ist, wird es auf diesem Weg bleiben.*«

Unsere Kinder sind die Ersten, die die gute Nachricht hören sollten, dass Jesus der Sohn Gottes ist, unser Fehlverhalten vergibt und auch heute noch lebt.

Bewahrt die Gebote, die ich euch heute gebe, in eurem Herzen. Schärft sie euren Kindern ein. Sprecht über sie, wenn ihr zu

Hause oder unterwegs seid, wenn ihr euch hinlegt oder wenn ihr aufsteht. 5. Mose 6,6-7

Wir haben mit unseren Kindern jahrelang jeden Abend Andachten gemacht. Und die Kinder forderten diese Tradition ein – egal, wie spät es war. Diese Zeit gehörte ihnen, da saß man auf dem Schoß, kuschelte sich in den Arm und hörte zu, was Papa oder Mama erzählten oder vorlasen. Bei mehreren Kindern empfiehlt es sich, sich aufzuteilen und altersentsprechend mit den Kindern Zeit zu verbringen.

Bibeln

Kinder haben noch ein unverbrauchtes Gehirn und können sich wahre Schätze an Liedern und Geschichten aus der Bibel aneignen. Wir haben aus verschiedenen Kinderbibeln vorgelesen, später die Erwachsenenbibel Kapitel für Kapitel. Wenn wir zu schon bekannten Geschichten kamen, habe ich manchmal bewusst Fehler gelesen, die die Kinder dann entdecken mussten. Dabei hatten sie sehr viel Spaß und ich hatte ihre volle Aufmerksamkeit. Ab dem zwölften Lebensjahr kann man auch eine deutsch-englische Bibel[39] lesen. Vielleicht ist das Kind dann auch schon so weit, die Bibel alleine zu lesen.

Tiere, Zahlen, Themen

Um Abwechslung in die Andachten zu bringen, nahmen wir uns manchmal die Konkordanz und suchten alle Bibelstellen für einzelne Begriffe heraus. Abwechselnd durften die Kinder sich ein Tier aussuchen und dann ging es los. Was steht alles über Ameisen in der Bibel? Wie oft wird der Elefant erwähnt? Was bedeutet die Zahl sieben? Auch themenspezifisch in der Bibel zu lesen, kann sehr viel Spaß machen. Dann haben wir uns Gedanken über Treue oder Liebe gemacht. Manchmal hatte es auch einen Bezug zum Verhalten der Kinder untereinander oder zu einem Ereignis.

Fragen beantworten

Kinder lieben bei biblischen Themen auch Rätsel. Gehen Sie den Fragen nach, die Ihre Kinder haben. Vielleicht müssen Sie auch zugeben, dass Sie es selbst nicht wissen. Macht nichts! Dann for-

schen Sie zusammen. In unserer Gemeinde nennt sich eine Kinder-
gruppe »Bibelentdecker«. Es kann richtig Freude machen, Rätsel
zu knacken. Wer war der älteste, der größte, der erste Mann in der
Bibel? Kinder kennen sich im Guiness-Buch der Rekorde oft sehr
gut aus. In der Bibel gibt es auch viele Rekorde.

Haben Ihre Kinder auch schon mal folgende Fragen gestellt?
Wann geht die Welt unter?

*Niemand kennt den Tag oder die Stunde, in der diese Dinge
geschehen werden, nicht einmal die Engel im Himmel, und auch
nicht der Sohn. Nur der Vater weiß es. Matthäus 24,36*

Schläft Gott in einem Bett?

*Siehe, der Israel behütet, wird nicht müde und schläft nicht.
Psalm 121,4*

Geschichten spielen
Von klein auf haben wir die biblischen Geschichten nicht nur
erzählt und vorgelesen, sondern auch gespielt.

- Die Kinder liebten die Geschichte von David und Goliath.
  Papa musste den Riesen Goliath spielen, der die Israeliten
  verlacht und der Zweijährige durfte als David dann einen
  weichen Ball nehmen und Papa an der Stirn treffen, der
  natürlich auch sofort umfiel. Diese Szene wurde immer
  wieder gespielt.
- Gerne wollten sie auch der kleine Zachäus sein, der auf
  einen Baum stieg, um Jesus zu sehen. Wer liebt es nicht, auf
  Erwachsenen herumzuturnen!
- Jona, der im Wal verschwand und dann wieder ausgespuckt
  wird, eignet sich genauso wie Geschichten aus dem Alten
  Testament.

Man kann solche Geschichten ganz real spielen, aber auch mit
selbst gebastelten Kastanienpüppchen im Herbst oder richtigen

Puppen oder Plastikspielfiguren. Der Fantasie sind (fast) keine Grenzen gesetzt. Statt Kasperle vorzuspielen, könnten Sie doch auch Puppen herstellen und biblische Geschichten spielen.

Orte aus der Bibel im Atlas[40] suchen

Geografie auf biblisch? Kennen Sie die Orte, Flüsse und Berge der Bibel? Es gibt sehr gute Karten, die auch die politischen Grenzen der jeweiligen Zeit mitberücksichtigen. Nehmen Sie Ihre Kinder doch mal auf die Reisen des Apostels Paulus mit. Gehen Sie zusammen auf Spurensuche und vermitteln Sie den Kindern spielerisch Wissen.

Lobpreislieder

Wie wäre es mit einem eigenen Kinder-Gesangbuch? Wir haben oft um den Esszimmertisch zusammen gesessen und einen Liedtext nicht vertont, sondern »vermalt«. Was »vermalen« bedeutet? Ganz einfach: »Seine eigenen Bilder zu einem Lied entwerfen, so wie der Musiker Töne zum Text schreibt.« Jeder bekommt ein weißes Blatt und malt, was ihm zu dem Lied einfällt. Reihum darf sich jeder ein Lied wünschen. Man kann mit Fingerfarben, Buntstiften, Wachsmalstiften oder auch mit Wasserfarben malen. Die Kinder singen hinterher noch lieber, wenn sie eine eigene Mappe haben.

Bücher

Neben der Bibel kann man auch Bücher mit christlichen Inhalten[41] abends gemeinsam lesen. Interessant sind auch Biografien über einzelne Personen aus der Bibel. Wir haben einmal die Geschichte von Abigail[42] oder auch Onesimus[43] gelesen. Sehr zu empfehlen sind Biografien von Christen und Bücher[44] mit Geschichten, wie Gott auch heute noch erfahrbar ist.

Jeder hört gerne Geschichten.

Einmal lag mein 13-jähriger Sohn Benjamin müde und etwas krank auf dem Sofa. Ich las ihm aus meinem Buch »Freundinnen« das Nachwort »Engel mit einem Flügel« vor. Er hörte ganz aufmerksam zu und sagte am Ende: »Mama, hast du noch mehr Geschichten in deinem Buch?«

Filme

Kinder lieben bewegte Bilder. Haben Sie einen DVD-Spieler? Es gibt sehr gute Filme über einzelne Personen aus dem Alten und Neuen Testament. Hinterher kann man noch darüber reden. Wenn die Filme zu lang sind, kann man sie auch an verschiedenen Abenden sehen. Bei unseren Kindern waren auch die »Superbuch-Filme« sehr beliebt.

Eigene Gottesdienste

Wenn bei Ihnen Windpocken ausgebrochen sind oder Sie Läusealarm haben, sind Sie sozusagen ans Haus gebunden. Das ist eine gute Gelegenheit für eigene Gottesdienste. In der Bibel steht: *Wenn Ihr euch versammelt, wird der eine singen, der andere lehren, wieder ein anderer wird eine besondere Offenbarung Gottes weitergeben«* (*1. Korinther 14,26*). Bei uns hieß es dann: »Kinder, in einer halben Stunde treffen wir uns zum Gottesdienst. Jeder bringt etwas mit.« Dann haben wir uns im Wohnzimmer getroffen und jeder sagte, was er sich gedacht hatte.

- Einer wollte einen Psalm lesen.
- Ein anderer ein Gebet sprechen.
- Mancher ein Lied singen.
- Einer wollte auf einem Instrument etwas vorspielen.
- Einmal brachte unser Vierjähriger eine Blume mit den Worten: »Schaut euch mal an, wie schön Gott die gemacht hat!«
- Dann gibt es die, die ein Bibel-Quiz vorbereiten.
- Einer wollte Fürbitten sammeln.
- Wieder ein anderer forderte uns auf, dass jeder eine Postkarte an einen kranken oder einsamen Menschen schreiben sollte.

An einem Geburtstag überraschten unsere Kinder ihren Vater mit einem selbst gestalteten Gottesdienst. Sie hatten alles zum Thema Vater herausgesucht. Ein Sohn zeigte ihm Erinnerungen an das Vater-Sohn-Wochenende, der Älteste predigte über den Vers: »Ihr Väter, reizt eure Kinder nicht zum Zorn« (Epheser 6,4), was uns Eltern natürlich sehr zum Schmunzeln brachte. Es war sehr bewegend, was die Kinder alles zusammentrugen. Ein Bibel-Quiz für Papa und Mama durfte da auch nicht fehlen.

Gebetszeit

Beten Sie für die Erzieherinnen, Lehrer an der Schule, für die Leiter am Arbeitsplatz und für unsere Regierung? *»Vor allem anderen fordere ich euch auf, für alle Menschen zu beten. Bittet bei Gott für sie und dankt ihm. So sollt ihr für die Herrschenden und andere Menschen in führender Stellung beten, damit wir in Ruhe und Frieden so leben können, wie es Gott gefällt …« (1. Timotheus 2,1–2).*

Ich treffe mich vierzehntägig für jeweils eine Stunde mit Frauen, um für die Schule unserer Kinder zu beten. Wir haben schon sehr viele Gebetserhörungen erlebt. Auch die Kinder haben wir motivieren können, sich als Schüler zu treffen. Ein Kreis traf sich in der Schule, ein anderer reihum in den Häusern.

Lange Jahre haben wir morgens mit den Kindern zusammen für Nöte, Klassenarbeiten und Lehrer gebetet und sonntagabends heißt es immer noch: »Familiengebet«. Jeder kann seine Anliegen nennen und dann wird dafür gebetet. Bevor unsere Kinder aus dem Haus gingen oder abends

Segnen bedeutet, Gutes über einer Person aussprechen.

vor dem Schlafengehen wurden sie gesegnet. Zum Beispiel: »Ich segne dich im Namen Gottes (oder von Jesus) – mit Frieden (oder Geborgenheit oder Freude).«

Freizeiten, Gottesdienste

Wir waren auf vielen Freizeiten, bei denen Kinder in ungezwungener Atmosphäre Menschen kennenlernen konnten, die auch als Christen lebten. Mutter-Kind-Wochen, Familienfreizeiten, Wochenenden der Gemeinde, Konferenzen und Seminare. Es ist ein Schatz, wenn man ein Netz von Leuten kennenlernt, die ähnliche Erfahrungen machen und sich darüber austauschen. Später sind unsere Kinder dann auch auf viele Veranstaltungen alleine ohne uns Eltern gefahren, sowohl der Pfadfinder (Royal Rangers) als auch auf »Go-Camps« oder Freizeiten des Marburger Kreises. Auch die SMD (Studentenmission Deutschland) und viele andere Organisationen bieten solche Ferien an.

Ziel in der Kindererziehung

Wir würden unser Ziel in der Erziehung so definieren: Das Kind dahin zu führen, dass es sein Leben eigenverantwortlich in Abhängigkeit von Gott gestalten kann.

> *›Du sollst den Herrn, deinen Gott, lieben, von ganzem Herzen, mit ganzer Seele und mit all deinen Gedanken!‹ Das ist das erste und wichtigste Gebot. Ein weiteres ist genauso wichtig: ›Liebe deinen Nächsten wie dich selbst.‹ Matthäus 22,39*

Das wird auch als das »ganze« Gesetz (*Galater 5,14*) oder auch als das »königliche« Gesetz (*Jakobus 2,8*) bezeichnet.

Kinder haben einen direkten Draht zu Gott. Da sie alles glauben, was man ihnen sagt, kennen sie keine Zweifel, wenn wir ihnen von Gott erzählen. Ganz natürlich beten sie und erzählen ihm, dass die Puppe »Aua« hat und seine Hilfe braucht.

Unser Ziel in der Erziehung ist es, das Kind dahin zu führen, dass es sein Leben eigenverantwortlich in Abhängigkeit von Gott gestalten kann.

Unser Fünfjähriger betete einmal: »Lieber Gott, bitte lass mich einen Engel sehen.« Circa vier Wochen später sagte er mir beim Wecken: »Mama, an meinem Bett stand heute Nacht eine große Person in weiß mit einem Schwert.«

Erst im Laufe des Tages begriff ich, dass die große, weiße Person wohl ein Engel gewesen war, der an seinem Bett gewacht hat und dass Gott sein Gebet erhört hatte. Wir müssen als Eltern aufpassen, diese Erfahrungen dann nicht zu zerstören, weil wir sie dem Reich der Fantasie zuschreiben.

Viele Kinder erleben Gott und machen schon früh Erfahrungen, die ihr ganzes Leben prägen. Auch wenn sie oft in der Pubertät alles infrage stellen, nicht mehr mit in den Gottesdienst gehen wollen, Gebete ablehnen und auch die christlichen Werte als altmodisch von sich weisen, kommen viele doch nach der Sturm- und Drangzeit wieder zum christlichen Glauben zurück. Oft wenn sie selbst Kinder haben oder manchmal auch erst, wenn sie in eine tiefe Krise wie Ehescheidung, Krankheit oder Arbeitslosigkeit geraten.

Als ich nach der Geburt von zwei gesunden Kindern eine Fehlgeburt hatte, habe ich eine sehr tiefe Erfahrung mit Gott gemacht. Es war Karfreitag, ich lag im Krankenhaus. Ich versuchte, zu beten und in der Bibel zu lesen, aber immer wieder liefen die Tränen über meine Wangen, als sich in meine Gedanken folgende Frage schob: »Warum weinst du?« Ohne darüber nachzudenken, woher diese Frage kommen könnte, antwortete ich: »Weil du mir mein Kind weggenommen hast.« Ich habe automatisch angenommen, dass Jesus mich fragen würde. Und dann folgten zwei Sätze, die ich bis heute nicht mehr vergessen habe: »Für deine anderen beiden Kinder musst du noch viel beten, dass sie den Weg zu mir finden, aber dieses Kind hat das Ziel schon erreicht. Es ist bei mir.«

Lassen Sie uns nicht müde werden, für unsere Kinder zu beten, dass sie den Weg zu Jesus Christus finden. An seiner Hand können sie zwar trotzdem Wunden bekommen, aber sie werden immer wieder neu seine Geborgenheit erleben.

Gott hört und erhört Gebete. Doch er kann auf Bitten mit *Ja*, *Nein* oder *später* antworten.

Wir dürfen ganz konkret im Namen von Jesus beten.

Kinder lernen zu glauben durch ...
- Vorbild,
- Andachten,
- Freizeiten,
- Gottesdienste.

Unser Ziel in der Erziehung ist es, das Kind dahin zu führen, dass es sein Leben eigenverantwortlich in Abhängigkeit von Gott gestalten kann.

Nachwort

Das Piano

Eines Abends nahm eine Mutter ihren Sohn zu einem Konzert eines berühmten Pianisten mit, um seinen Fortschritt im Klavierunterricht zu unterstützen. Nachdem die beiden sich gesetzt hatten, entdeckte sie unter den Zuhörern eine Bekannte und verließ ihren Platz, um sie zu begrüßen. Der kleine Mann ergriff die Gelegenheit, die Geheimnisse der Konzerthalle auf eigene Faust zu erkunden, und schlüpfte schließlich unbemerkt durch eine Tür mit der Aufschrift: »Kein Zutritt«.

Als die Lichter gelöscht wurden und das Konzert beginnen sollte, kehrte die Mutter eilig zu ihrem Platz zurück – und entdeckte mit Schrecken, dass das Kind verschwunden war. Aber da hob sich schon der Vorhang. Das Licht der Scheinwerfer fiel auf den eindrucksvollen Steinway-Flügel auf der Bühne – und auf einen kleinen Jungen, der auf dem Klavierhocker saß und mit seinen kleinen Fingern unbeholfen ein Kinderlied spielte!

In diesem Moment betrat der berühmte Pianist die Bühne, ging schnell auf das Klavier zu und flüsterte dem kleinen Jungen ins Ohr: »Nicht aufhören, spiel weiter!« Der Meister beugte sich über den Jungen und spielte mit seiner Linken eine Bassbegleitung. Und bald schon griff er mit seiner Rechten nach den Tasten auf der anderen Seite des Kindes und ergänzte das Spiel mit einem perlenden Obligato.

So verwandelte der alte Meister und der kleine Neuling eine peinliche Situation in eine wunderbare kreative Erfahrung. Die Zuhörer waren wie gebannt!

In unserem Leben – so unpoliert es auch sein mag – ist es der Meister, der uns umgibt und uns immer wieder ins Ohr flüstert: »Hör nicht auf, spiel weiter!« Während wir das tun, füllt er aus, was fehlt, und ergänzt uns, bis ein Werk erstaunlicher Schönheit geschaffen ist. Gott hält seine Hand über unser Leben. Er ermutigt uns, die Gaben einzusetzen, die er uns gegeben hat – nicht mehr und nicht weniger. Lassen wir uns nicht entmutigen, denn der Meister ist für uns.

Text nach D. L. Anderson

Ich wünsche Ihnen, dass Sie Ihre Kinder so ins Leben begleiten können wie der alte Meister den kleinen Neuling. Stellen Sie sich auch in peinlichen Situationen zu Ihrem Kind. Freuen Sie sich an seiner Kreativität und Neugierde. Haben Sie Mut zur Erziehung und denken Sie daran: Man kann nicht zu sehr lieben, nur zu wenig erziehen.

Die Erfolgsautorin Cornelia Funke[45] antwortete anlässlich der Verfilmung ihres Buches »Tintenherz« auf die Frage »Was ist Ihr größter Erfolg?«: »Meine beiden Kinder.« Für mich drückt sie damit aus: »Meine Kinder sind unendlich kostbar und wichtiger als jeder berufliche Erfolg. Sie machen mein Leben reich.« Ich wünsche Ihnen, dass Sie das auch einmal sagen werden.

Vielleicht empfinden Sie sich selbst auch manchmal wie der kleine Pianist und sind froh, dass Gott Ihre Erziehungsversuche mit Rat und Tat begleitet. Legen Sie Ihre Hand vertrauensvoll in Gottes ausgestreckte Hand und erleben Sie seine Ermutigung und Hilfe. Er ist für uns, auch wenn Rückschläge kommen!

Ihre Ute Horn

Wachsen kann ich da, ...

wo jemand mit Freude auf mich wartet,
wo ich Fehler machen darf,
wo ich Raum zum Träumen habe,
wo ich meine Füße ausstrecken kann,
wo ich gestreichelt werde,
wo ich geradeaus reden kann,
wo ich laut singen darf,
wo immer ein Platz für mich ist,
wo ich ohne Maske herumlaufen kann,
wo einer meine Sorgen anhört,
wo ich still sein darf,
wo ich ernst genommen werde,
wo jemand meine Freude teilt,
wo ich auch mal nichts tun darf,
wo mir im Leid Trost zuteil wird,
wo ich Wurzeln schlagen kann,
wo ich leben kann!

Im normalen Leben wird es einem gar nicht bewusst, dass der Mensch unendlich mehr empfängt, als er gibt, und dass Dankbarkeit das Leben erst reich macht. Man überschätzt das eigene Wirken und Tun in seiner Wichtigkeit gegenüber dem, was man nur durch andere geworden ist.

Dietrich Bonhoeffer[4]

Literatur/Medien

Bücher zum Thema

- Cordula Neuhaus. Das hyperaktive Kind und seine Probleme. Freiburg: Urania 2002.
- Cordula Neuhaus. Hyperaktive Jugendliche und ihre Probleme. Freiburg: Urania 2007.
- Cordula Neuhaus. ADHS bei Kindern, Jugendlichen und Erwachsenen. Symptome, Ursachen, Diagnose und Behandlung. Stuttgart: Kohlhammer 2009.
- Cordula Neuhaus. Lass mich, doch verlass mich nicht. ADHS und Partnerschaft. München: dtv 2005.
- Cordula Neuhaus. Das hyperaktive Baby und Kleinkind: Symptome deuten – Lösungen finden. Freiburg: Urania 2003.
- Elisabeth Aust-Claus und Petra-Marina Hammer. Das A.D.S. – Buch Aufmerksamkeits-Defizit-Syndrom. Neue Konzentrationshilfen für Zappelphilippe und Träumer. Düsseldorf: Oberstebrink Verlag 2005.

Über die Autorin

Dr. Ute Horn, Jahrgang 1954, ist seit 29 Jahren verheiratet und lebt mit ihrer Familie in Krefeld. Zusammen mit ihrem Mann Thomas hat sie eine erwachsene Tochter und sechs Söhne vom Teenager- bis zum Junge-Erwachsenenalter. Von Beruf ist sie Ärztin für Haut- und Geschlechtskrankheiten. Sie war zehn Jahre in einer überkonfessionellen Ehe- und Familienarbeit[47] tätig und wird immer wieder zu Seminaren und Vorträgen als Referentin eingeladen.

Ute Horn hat sich in den letzten Jahren darauf konzentriert, was sie jungen Leuten zum Brennpunkt Nr. 1 »Freundschaft, Liebe und Sexualität« mitgeben möchte. Sie hält Workshops für Teenager und junge Erwachsene in Schulen, Jugendgruppen und Gemeinden sowie Vorträge und Wochenendseminare für Jugendleiter, Seelsorger und Interessierte.

Weitere Informationen finden Sie unter www.ute-horn.de.

Bei SCM Hänssler sind von Ute Horn weiterhin erschienen

- Baustelle erste Liebe – für Teens (Co-Autor: Daniel Horn)
- Baustelle erste Liebe – Mit Teenagern über Freundschaft, Liebe und Sexualität sprechen (Co-Autor: Winfried Hahn)
- Freundinnen
- Leise wie ein Schmetterling – Abschied vom fehlgeborenen Kind (auch als Hörbuch erhältlich)
- Meine Krise – Gottes Chance
- Sehnsucht, Sex und frommer Frust
- Treue für ein Leben (erscheint Herbst 2009)
- Zwei unter einer Decke – Das Geheimnis erfüllter Sexualität (Co-Autor: Thomas Horn)

Anhang

1 Maria Montessori. Kinder sind anders. Frankfurt/M.: Klett-Cotta im Ullstein Taschenbuch 1980, S. 77 ff.
2 simplify your life. Abreißkalender, www.simplify.de, 30. 5. 2008.
3 Frank Vollmer. »Ab 20 will man keinen Wandel mehr«. Rheinische Post, 21. 6. 2008.
4 Ulli Tückmantel, Düsseldorf. »10 000 bei Bill Clinton«. Rheinische Post, 17. 11. 2008.
5 Annette Bosetti. Interview mit Manfred Spitzer. »Lernen macht glücklich«. Rheinische Post, 22. 4. 2008.
6 Gesine Schwan. »Über Sir Peter Ustinov«. Westdeutsche Zeitung, 30. 3. 2004.
7 http://www.gierhardt.de/schulsprueche.html.
8 Irene Gilbert-Loh. »Dein Wille geschehe«, Idea Spektrum 52/2008, S. 24.
9 Bernhard Bueb. Lob der Disziplin. Berlin: Ullstein 2008, S. 17–18.
10 Das Haus stellt sich vor. Homepage Raphaelhaus. 30. 03. 2009 http://www.raphaelhaus.de/index.htm.
11 http://www.telegraph.co.uk/news/uknews/3 759 675/What-children-want-most-is-a-ban-on-divorce-says-poll.html.
12 Kurzschläfer sind öfter krank – Zu wenig Schlaf schadet der Immunabwehr, Apotheken Umschau, 2/2009 B.
13 Jürgen Spaniol. Familienministerin über den Erziehungsnotstand – Von der Leyen: »Fernseher raus aus Kinderzimmern«. Rheinische Post, 02. 02. 2009.
14 Sven Durgunlar. »Kein TV im Kinderzimmer«. Rheinische Post, 16. 2. 2008.
15 Sven Durgunlar. »Kein TV im Kinderzimmer«. Rheinische Post, 16. 2. 2008.
16 Wolfgang Schubert. »Gefährlich für Kinder«. Rheinische Post, 17. 2. 2009, Seite B3.
17 Tim Niehues. »Viren-Pingpong in der Familie«. Rheinische Post, 13. 2. 2009, S. A7.
18 Jürgen Liminsky. »Bindung vor Bildung«. Family 6/2008, S. 8.
19 Andreas Gröhbühl. »Glück hat Nebenwirkungen«. Rheinische Post, 20. 2. 2009, S. A8.
20 Ilona Mahel. »Würde statt Almosen«. 4. 2. 2009 http://www.erf.de.
21 http://www.woxikon.de/wort/Inventur.php.
22 http://de.wikipedia.org/wiki/Emotionale Intelligenz.
23 Bettina Ratering. Ins Leben gesetzt. Erzhausen: Leuchter-Edition 2008, S. 119.

24 Frank Noack. »Hilde – eine öffentliche Frau«. Rheinische Post, 20. 2. 2009, S. A8.

25 Ute Horn. Baustelle erste Liebe – Mit Teenagern über Freundschaft, Liebe und Sexualität sprechen. Holzgerlingen: SCM Hänssler 2005, S. 19–26.

26 Ute und Daniel Horn. Baustelle erste Liebe für Teens. Holzgerlingen: SCM Hänssler 2006, S. 10–21.

27 Sam McBratney und Anita Jeram. Weißt du eigentlich, wie lieb ich dich hab? Düsseldorf: Sauerländer Verlag 2003.

28 Gary Chapman und Ross Campbell. Die fünf Sprachen der Liebe für Kinder. Marburg an der Lahn: Francke Verlag 1997.

29 Unserer Pädagogik, Hilf mir es selbst zu tun. http://www.kinderhausmontessori.de, 9. April 2009.

30 Gary Chapman und Ross Campbell. Die fünf Sprachen der Liebe für Kinder. Marburg an der Lahn: Francke Verlag 1997, S. 24.

31 Gary Chapman und Ross Campbell. Die fünf Sprachen der Liebe für Kinder. Marburg an der Lahn: Francke Verlag 1997.

32 Willy Seelaus. »Portrait: Geboren auf der Reeperbahn«. Idea Spektrum 50/2008; Biografie von Bettina Ratering: »Ins Leben gesetzt«. Erzhausen: Leuchter Verlag 2008.

33 Rüdiger Rogoll. Nimm dich, wie du bist. Freiburg im Breisgau: Herder Spektrum 1976, S. 13–14.

34 Rüdiger Rogoll. Nimm dich, wie du bist. Freiburg im Breisgau: Herder Spektrum 1976, S. 37.

35 http://*www.ak-lebensrecht.de/info/stat_tab.html,* 09. 03. 2009.

36 Hans H. Nibbrig. »Jedes fünfte Baby ein ›Kuckuckskind‹«. Berliner Morgenpost, 16. 1. 2005.

37 Joachim Bölsche. »Zahlväter rüsten zum Wattestäbchen-Krieg«. Spiegel Nr. 48/2004, 7. 12. 2004.

38 T/M: M. Becker /R. Blair, dt. M. Siebold, ©ProfilMedien Verlag oHG.

39 Good News for modern man – Die Gute Nachricht, American Bible Society, New York, 1966, 1976, Deutsche Bibelgesellschaft Stuttgart, 1967, 1982.

40 Wolfgang Zwickel. Calwer Bibelatlas. Stuttgart: Calwer Verlag 2000.

41 Ilse Amman-Gebhardt. Sieben Jahre für die Liebe. Holzgerlingen: SCM Hänssler 1996. Ilse Amman-Gebhardt. Leise klingt die Hirtenflöte. Holzgerlingen: SCM Hänssler 1997.

42 James R. Scott. Abigail. Gießen: Brunnen Verlag 1998.

43 Patricia St. John. Flucht in die Freiheit. Bielefeld: Christliche Literatur-Verbreitung 1991.

44 Mel Tari. Wie ein Sturmwind. Dynamis Verlag 1978.

45 Rheinische Post, 27. 12. 2008.

46 Dietrich Bonhoeffer, Widerstand und Ergebung © by Gütersloher Verlagshaus, Gütersloh, in der Verlagsgruppe Random House GmbH, München.

47 http://www.team-f.de.

Ute Horn

Meine Krise - Gottes Chance

Paperback, 13,5 x 20,5 cm, 100 S.
Nr. 394.625,
ISBN 978-3-7751-4625-8

Krisen gehören zum Leben dazu! Was lösen sie in uns aus? Wo finden wir
Hilfen, mit den verschiedenen Krisen in unserem Leben angemessen umzugehen? Gibt es Menschen, an deren Vorbild wir lernen können? Gibt es
Texte, die uns in Trauer, Enttäuschung und Einsamkeit Wegweiser sind?
Ute Horn möchte Sie in diesem Buch ein Stück auf dem Weg durch die großen und kleinen Krisen Ihres Lebens begleiten und Ihnen Hoffnung vermitteln, dass nach Tälern und Schluchten auch wieder Berggipfel kommen!

Ute Horn, Winfried Hahn

Baustelle Erste Liebe

Mit Teenagern über Freundschaft,
Liebe und Sexualität sprechen – Ein Infobuch
Paperback, 13,5 x 20,5 cm, 120 S.
Nr. 394.434,
ISBN 978-3-7751-4434-6

Wie sag ich's meinem Kinde? Unsere Kinder scheinen durch Medien und
Schule sehr gut aufgeklärt zu sein, aber das ersetzt nicht das Gespräch
zwischen Eltern und Teenagern. Viele Jugendliche geben vor, viel zu wissen, aber wenn sie hinterfragt werden, ist man oft überrascht, was sie
doch alles nicht richtig verstanden haben. Wie kann heute eine zeitgemä-
ße Erziehung - gerade bei dem sensiblen Thema Sexualität – aussehen?
Kinder brauchen die wegweisenden Gespräche mit ihren Eltern!
Deshalb ist es gut, sich frühzeitig damit auseinander zu setzen, was man
der neuen Generation an guten Gedanken mitgeben will.

Bitte fragen Sie in Ihrer Buchhandlung nach diesen Büchern!
Oder schreiben Sie an: SCM Hänssler, D-71087 Holzgerlingen;
E-Mail: info@scm-haenssler.de